D1997977

focus verlag

Uwe Rosenfeld

DER MANGEL AN SEIN

Identität als ideologischer Effekt

Die Arbeit wurde mit gleichem Titel vom Fachbereich Erziehungswissenschaften der Philipps-Universität Marburg als Dissertation angenommen.

CIP-Kurztitelaufnahme der Deutschen Bibliothek

Rosenfeld, Uwe:
Der Mangel an Sein : Identität als ideologischer Effekt /
Uwe Rosenfeld. – Giessen : Focus-Verlag, 1984. –
(Focus kritische Universität)
ISBN 3-88349-315-5

Druck: KM-Druck, Groß-Umstadt

INHALT

I. STATT EINES VORWORTS:

„Ich ohne Gewähr! Denn was ist denn das Ich, was könnte es sein? – ein Gestirn, dessen Standort und dessen Bahnen nie ganz ausgemacht worden sind und dessen Kern in seiner Zusammensetzung nicht erkannt worden ist. Das könnte sein: Myriaden von Partikeln, die „Ich" ausmachen, und zugleich scheint es, als wäre Ich ein Nichts, die Hypostasierung einer reinen Form, irgendetwas wie eine geträumte Substanz, etwas, das eine geträumte Identität bezeichnet, eine Chiffre für etwas, das zu dechiffrieren mehr Mühe macht als die geheimste Order. Aber es gibt ja die Forscher und die Dichter, die nicht locker lassen, die es aufsuchen, untersuchen, ergründen und begründen wollen, und die es immer wieder um den Verstand bringt. Sie haben das Ich zu ihrem Versuchsfeld gemacht oder sich selber zum Versuchsfeld für das Ich, und gedacht haben sie an alle diese Ich der Lebendigen und der Toten und der Geistfiguren, an das Ich der Leute von nebenan und an das Ich des Caesar und das Ich des Hamlet, und all dies ist noch gar nichts, weil noch nicht allgemein. Darum ist noch zu denken an das Ich der Psychologen, der Analytiker, an das Ich der Philosophen, als Monade oder im Bezug, als empirische Kontrollstation oder als metaphysische Größe. Alle diese Experten sichern sich ihr Ich, sie leuchten in ihm herum, betasten es, verstümmeln und zerschlagen es, bewerten es, teilen es ein, zirkeln es ab.

Einmal habe ich ein kleines Kind gesehen, das von seiner Mutter gedrängt wurde, zuzugeben, daß es etwas getan habe; es war verstockt im Anfang und wußte vielleicht gar nicht, was man von ihm wollte. „Sag, daß du es getan hast", forderte die Frau immer wieder. „Sag: ich habe es getan!" Und plötzlich, als wäre ihm ein Licht aufgegangen oder als wäre es müde zu schweigen und sich zu wehren, sagte das Kind: „Ich habe es getan", und dann gleich wieder und ganz vergnügt über den Satz oder vielmehr (das) entscheidende Wort: „Ich habe es getan, ich ich ich!" Es wollte gar nicht mehr aufhören und schrie und kreischte immerzu, bis es sich vor Lachen in den Armen der Frau wand wie ein Epileptiker. „Ich, ich, habe es getan, ich!" Diese Szene war seltsam, weil da ein Ich entdeckt und zugleich bloßgestellt wurde, seine Bedeutung und Nichtbedeutung, und ein irres Vergnügen über die Entdeckung des Ich überhaupt, zum Verrücktwerden, wie man später nie wieder verrückt darüber wird, wenn man gezwungen ist, Ich zu sagen, wenn das Wort längst eine Selbstverständlichkeit ist, abgenutzt dazu, ein Gebrauchswort, das alles, was es bezeichnen soll von Fall zu Fall, degradiert.

Wenn wir aber eines Tages wieder in einer ungewöhnlichen Situation Ich sagen, kommt uns, mehr als in dem frühen Zustand, an: Beklommenheit, Staunen, Grauen, Zweifel, Unsicherheit."

(Zitiert nach: BACHMANN, I.: Werke. München/Zürich 1982.)

I.1 EINLEITUNG

J. LACAN ist tot. Louis ALTHUSSER fristet sein Dasein in einer psychiatrischen Anstalt, nachdem er seine Frau in einer Phase tiefster Depression ermordet hat. Diese immer wieder auftretenden depressiven Phasen sind sicherlich in einem nicht unerheblichen Maße der Kasernierung in deutschen KZs geschuldet. Es war nun nicht meine Absicht, den Gepflogenheiten der deutschen Ordinarienuniversität zu folgen, in der es Tradition war, umfänglichere Arbeiten nur über bereits ‚tote' Theoretiker zu verfassen.

Im Gegenteil. Es ist im weiesten Sinne Absicht der Arbeit, die m.E. originellen theoretischen Überlegungen von LACAN und ALTHUSSER nicht nur vorzustellen, sondern auch fruchtbar aufeinander zu beziehen.

Der Ausgangspunkt der Überlegungen ist die Frage, wie sich die Individuen in den gesellschaftlichen Verhältnissen einrichten, wie sie ihr Verhältnis zu ihren Existenzbedingungen leben und sich in diesem gelebten Verhältnis als autonome, mit sich identische Subjekte imaginieren, letztlich also als das Zentrum der Initiative und Entscheidung denken.

Dabei spielten die Arbeiten L. ALTHUSSERS für mich eine entscheidende Rolle, insofern er die Transformation der Individuen in Subjekte wesentlich der Ideologie und ideologischen Ritualen zuschreibt, wobei die Ideologie verstanden wird als Repräsentation des imaginären Verhältnisses der Individuen zu ihren Existenzbedingungen.

Ein großer Teil der Arbeit wird sich also mit dem Versuch ALTHUSSERS beschäftigen, eine Theorie der Ideologie im allgemeinen herauszuarbeiten. Dabei schien es mir unumgänglich – denn ALTHUSSER versteht sich selbst als marxistischer Theoretiker und ist international als einer der besten Marx-Kenner bekannt geworden –, mich eingehender mit den Ausgangspunkten für eben diesen Versuch auseinanderzusetzen. Ich habe also versucht nachzuzeichnen, wie MARX selbst den Ideologiebegriff in verschiedenen Phasen seines Werkes benutzt, um auch deutlich werden zu lassen, daß so etwas wie eine Ideologie*theorie* im strengen Sinne bei ihm nicht existent ist.

Der zweite große Teil der Arbeit wird sich nun mit der Frage beschäftigen, wie es der Ideologie gelingt, die Individuen in Subjekte zu transformieren. Dabei wird die These vertreten werden, daß sich ALTHUSSERS Ideologietheorie in bezug auf diese Problematik eindeutig psychoanalytisch motiviert, und daß sie auf den Arbeiten des französischen Psychoanalytikers J. LACAN gründet. Dieser selbst wiederum ist einer der umstrittensten Persönlichkeiten der psychoanalytischen Schule nach FREUD. Man hat ihm unter anderem Esoterik und absolute Unverständlichkeit vorgeworfen.

In dieser Arbeit wird deshalb besonderen Wert darauf gelegt werden, die Gedankengänge LACANS ausführlicher darzustellen, um einerseits den Arbeiten gerecht werden zu können und um ihnen andererseits die z.T. selbst provozierte und initiierte Aura der Unnahbarkeit ein wenig zu nehmen.

Im dritten größeren Teil wird dann der Versuch unternommen, die theoretischen Erkenntnisse LACANS zu beziehen auf das bürgerliche Subjekt.

Also danach zu fragen, wie es ideologischen Formationen gelingt, den von LACAN erkannten strukturellen Mangel an Sein, an Identität derart auszufüllen bzw. zu überbrücken, daß sich die Individuen als mit sich identische Subjekte imaginieren können.

Aber auch zu untersuchen, wie sich der strukturelle Mangel an Identität für ein Individuum auswirken muß, das in gesellschaftlichen Verhältnissen agiert, die zunehmend Perspektivlosigkeit und Atomisierung hervorbringen und damit auch so etwas wie erzwungene ‚Identitätslosigkeit' provozieren.

Besonderen Dank schulde ich Herrn Prof. Dr. Georg AUERNHEIMER, der durch seine – an deutschen Universitäten längst nicht mehr selbstverständliche – inhaltliche Offenheit und Diskussionsbereitschaft maßgeblich zum Zustandekommen dieser Arbeit beigetragen hat.

Ferner möchte ich meiner Wohngemeinschaft danken, die die Entwicklung der Arbeit nicht nur begleitet, sondern auch die besondere Situation ertragen hat.

II. ZUM IDEOLOGIEBEGRIFF BEI MARX

II.1 IDEOLOGIEBEGRIFF IN DER ‚KRITIK DER HEGELSCHEN RECHTSPHILOSOPHIE'

In der Einleitung‚Zur Kritik der Hegelschen Rechtsphilosophie', die Anfang 1844, also einige Monate nach der ‚Kritik des Hegelschen Staatsrechts' von Marx verfaßt wird, finden sich neben der Kritik, eben der Hegelschen Rechtsphilosophie, explizit Aussagen über die hier zur Diskussion stehende Problematik, nämlich wie es zu illusionären – später von Marx ‚ideologisch' genannten – Vorstellungen der Individuen über ihre Existenzbedingungen kommt.

Marxens Hegelkritik in der ‚Kritik des Hegelschen Staatsrechts' macht sich wesentlich fest an der Hegelschen Konzeption staatlicher Institutionen als eines Ausdrucks der absoluten Idee, als Repräsentation dieser Idee, die selbst wiederum als das ‚Subjekt der Geschichte' gedacht wird. (1)

Marx' Kritik läuft auf eine Umkehrung Hegels hinaus, insofern als nicht mehr die absolute Idee als das Subjekt der Geschichte gedacht wird, sondern das empirische einzelne Individuum selbst. Guttandin hat darauf hingewiesen, daß Marx ab der Einleitung ‚Zur Kritik der Hegelschen Rechtsphilosophie' den Terminus ‚Subjekt' als Zentrale seiner Argumentation entläßt, um an dessen Stelle den Terminus ‚Mensch' zu setzen. (2)

Aber der Mensch ist für Marx kein „abstraktes, außer der Welt hockendes Wesen. Der Mensch, das ist die Welt des Menschen, Staat, Sozietät". (3)

Marx ist also kein Anthropologe, weil er sich nicht bemüht, dem Menschen eine präexistente, substantielle Wesenhaftigkeit zuzuschreiben.

Daß man diese Argumentationsstruktur dennoch mit Ranciere als einen anthropologischen Diskurs kennzeichnen kann, soll an den ‚Ökonomisch-Philosophischen Manuskripten' verdeutlicht werden.

In der Einleitung ‚Zur Kritik der Hegelschen Rechtsphilosophie' versucht Marx das Problem zu lösen, wie es zu religiösen, illusionären Vorstellungen der Individuen kommt. Das Fundament einer irreligiösen Kritik der Religion ist für Marx: „Der Mensch macht die Religion, die Religion nicht den Menschen." (4) Religion ist für Marx das ‚Selbstbewußtsein des Menschen, der sich selbst entweder noch nicht erworben oder schon wieder verloren hat'.

Die Menschen sind also Produzenten der Religion, ‚Urheber' dieser Vorstellungen, dieser Illusionen. Nun ist aber der Mensch, die Welt des Menschen, der Staat, die Sozietät. Und eben dieser Staat, diese Sozietät ist es auch, die die Religion produzieren als ein „verkehrtes Weltbewußtsein, weil sie eine verkehrte Welt sind". (5)

Der Kampf gegen die Religion muß also für Marx mittelbar der „Kampf gegen jene Welt sein, deren geistiges Aroma die Religion ist". (6) Denn die Religion ist „der Seufzer der bedrängten Kreatur, das Gemüt einer herzlosen Welt, wie sie der Geist geistloser Zustände ist". Gipfelnd in dem berühmten Satz: „Sie ist das Opium des Volks." (7) Aufgabe der Geschichte sei es, die Wahrheit des Diesseits zu etablieren; die Kritik des Himmels verwandle sich somit in die Kritik der Erde.

Instrument des Kampfes ist die Kritik, die Philosophie. Die Kritik ist es, die den Individuen den Schleier von den Augen reißt, sie über ihre Verhältnisse aufklärt, „den Deutschen keinen Augenblick der Selbsttäuschung und Resignation" (8) gönnen läßt.

Aber die Waffe der Kritik muß verpuffen, wenn sie nicht eine materielle Gewalt hat. Diese materielle Gewalt sieht Marx im Proletariat.

Philosophie, Kritik wird zur materiellen Gewalt, sobald sie die Massen ergreift. Das Proletariat ist Träger dieser materiellen Gewalt, weil das Unrecht schlechthin an ihm verübt wird, weil es der Ausdruck des völligen Verlustes des Menschen ist und somit „nur durch die völlige Wiedergewinnung des Menschen sich selbst gewinnen kann". (9)

Die Philosophie findet die materiellen Waffen im Proletariat, das Proletariat die geistigen Waffen in der Philosophie.

Die Philosophie ist verwirklicht und damit überflüssig, wenn die ‚völlige Wiedergewinnung des Menschen' gelungen ist.

Für Marx sind es also die Menschen, die die Geschichte machen und nicht mehr Gott oder eine absolute Idee; die Menschen sind aber nicht ‚Subjekt' dieses Prozesses, in dem Sinne, daß sie diesen Prozeß kontrollieren, sondern die von ihnen selbst produzierte konkrete, materielle Ausgestaltung der Welt ist es, die ihnen den Blick für die wirklichen Zusammenhänge der Welt versperrt.

Marx steht also vor dem Problem „ein Subjekt der Geschichte konzipieren zu wollen, das sich gleichzeitig als Objekt seiner Handlungen gegenübersteht." (10)

Weiterhin kann Marx nicht die ‚Mechanismen' darlegen, die die Notwendigkeit dieser Illusionsproduktion erklären. Mit Althusser: „Warum ‚brauchen' die Menschen diese imaginäre Transposition ihrer realen Existenzbedingungen, um sich ihre realen Existenzbedingungen ‚vorzustellen'?" (11)

Die Individuen erscheinen als solche, die mittels der Kritik, der Philosophie als Waffe der Aufklärung vom ideologischen Schleier befreit werden müssen, um die Verfassung der wirklichen Welt zu erblicken.

Die Instanz der Philosophie erscheint einmal als ‚nicht ideologische', im Sinne einer Beseitigung des ideologischen Schleiers, gleichzeitig zeigt sie sich aber auch schuldig für die Produktion illusionärer Vorstellungen.

Wir werden sehen, daß Marx diese Betrachtungsweise in den ‚Ökonomisch-Philosophischen Manuskripten' verändert, insofern als es die entfremdeten Verhältnisse, durchdrungen von den Bedingungen der entfremdeten Arbeit sind, die sich verantwortlich zeigen für die Hervorbringung illusionärer Vorstellungen der Individuen über ihre Existenzbedingungen.

II.2 ‚ÖKONOMISCH-PHILOSOPHISCHE MANUSKRIPTE'

In den bis August 1844 verfaßten ‚Ökonomisch-Philosophischen Manuskripten' werden wir in einer modifizierten Form der Bearbeitung der Marxschen Problematik finden, wie sich die Individuen in den gesellschaftlichen Verhältnissen einrichten, wie sie ihr Verhältnis zu ihren Existenzbedingungen leben und wie sie in diesem ‚gelebten' Verhältnis zu illusionären, ‚falschen' Vorstellungen über ihre Existenzbedingungen gelangen.

Die Schwierigkeit in der Analyse dieses Textes ist schon im Titel angedeutet, insofern es sich sowohl um ökonomische als auch philosophische Manuskripte handelt.

Es muß das Problem auftauchen, in welchem Verhältnis ökonomischer und philosophischer Diskurs zueinander stehen und was die jeweilige Argumentationsebene kennzeichnet.

In der Vorrede gibt Marx die Grundlage selbst an:

> „Dem mit der Nationalökonomie vertrauten Leser, habe ich erst nicht zu versichern, daß meine Resultate durch eine ganz empirische, auf ein gewissenhaftes intensives Studium der Nationalökonomie gegründete Analyse gewonnen worden sind." (12)

Die Voraussetzung der Analyse ist also die bereits vorliegende Nationalökonomie, die Marx selbst wiederum analysiert im Hinblick auf innere Widersprüchlichkeit.

> „Wir sind ausgegangen von den Voraussetzungen der Nationalökonomie. Wir haben ihre Sprache und ihre Gesetze akzeptiert, wir unterstellten das Privateigentum, die Trennung von Arbeit, Kapital und Erde ..." (13)

Die Analyse dieser Voraussetzungen bringt Marx auf einen in der Nationalökonomie herrschenden grundlegenden Widerspruch, eine grundlegende Inkonsistenz.

> „Die Nationalökonomie geht vom Faktum des Privateigentums aus. Sie erklärt uns dasselbe nicht. Sie faßt den materiellen Prozeß des Privateigentums, den es in der Wirklichkeit durchmacht, in allgemeine, abstrakte Formeln, die ihr dann als Gesetze gelten. Sie begreift diese Gesetze nicht, d.h. zeigt nicht nach, wie sie aus dem Wesen des Privateigentums hervorgehen." (14)

Die Nationalökonomie verfährt, z.B. wenn sie das Verhältnis von Arbeitslohn zum Profit des Kapitals bestimmt, so, daß sie etwas unterstellt, was sie erst erklären müßte; hier das Interesse des Kapitalisten. Im Grunde argumentiert sie nach Marx in einer religiösen Argumentationsfigur, die immer auf einen Urzustand verweist.

„So erklärt die Theologie den Ursprung des Bösen durch den Sündenfall, d.h. unterstellt als ein Faktum, in der Form der Geschichte, was er erklären soll." (15)

Marx hingegen geht von einem gegenwärtigen Faktum aus, einer empirischen Evidenz, die die Grundlage seiner Argumentation darstellt.

„Der Arbeiter wird um so ärmer, je mehr Reichtum er produziert, je mehr seine Produktion an Macht und Umfang zunimmt. Der Arbeiter wird eine um so mehr wohlfeilere Ware, je mehr Waren er schafft. Mit der Verwertung der Sachenwelt, nimmt die Entwertung der Menschenwelt in direktem Verhältnis zu. Die Arbeit produziert nicht nur Waren; sie produziert sich selbst und den Arbeiter als eine Ware, und zwar in dem Verhältnis, in welchem sie überhaupt Waren produziert." (16)

Ich möchte den gleich darauffolgenden Absatz von Marx zitieren, auch wenn sich der Eindruck einer Zitatenfechterei aufdrängen sollte, weil hier ein Umschlag in Marxens Argumentation deutlich wird. Diesen Umschlag hat Ranciere als *Amphibologie* bezeichnet. Eine Amphibologie bezeichnet das Verfahren, „das es einem ökonomischen Gesetz ermöglicht, anthropologisches Gesetz zu werden (allgemeine Form des Widerspruchs) ..." (17)

Anthropologisches Gesetz meint auch hier nicht die Suche nach einer Definition des Menschen als eines präexistenten, substantiellen Wesen, sondern kennzeichnet die allgemeine Form des Grundwiderspruchs, nach der sich menschliche Geschichte realisiert, verweist also auf eine *philosophische* Argumentationsebene. Dieses Verfahren ermöglicht es Marx, von einem ökonomischen Diskurs zu einem philosophischen, und zwar *kritisch-philosophischen* Diskurs überzugehen, der die unmenschliche, Entfremdung und Knechtschaft produzierende bürgerliche Gesellschaft anklagt; letztlich die Realisierung des menschlichen Wesens als Unwesen.
Marx schreibt:

„Dies Faktum drückt nichts weiter aus als: Der Gegenstand, den die Arbeit produziert, ihr Produkt, tritt ihr als fremdes Wesen, als eine von dem Produzenten unabhängige Macht gegenüber. Das Produkt der Arbeit ist die Arbeit, die sich in seinem Gegenstand fixiert, sachlich gemacht hat, es ist die Vergegenständlichung der Arbeit. Die Verwirklichung der Arbeit ist ihre Vergegenständlichung. Diese Verwirklichung der Arbeit erscheint in dem nationalökonomischen Zustand als Entwirklichung des Arbeiters, die Vergegenständlichung als Verlust und Knechtschaft des Gegenstandes, die Aneignung als Entfremdung, als Entäußerung." (18)

Aus der ökonomischen Problematik der Pauperisierung ist die philosophische Problematik der Entfremdung geworden. Marx sieht in den ‚Manuskripten' eine Analogie zu der in der Einleitung ‚Zur Kritik der Hegelschen Rechtsphilosophie' zur Diskussion stehenden Thematik der Produktion religiöser Vorstellungen der Menschen.

„Es ist ebenso in der Religion. Je mehr der Mensch in Gott setzt, je weniger behält er in sich selbst." (19)

Nun ist der Mensch für den Marx der ‚Manuskripte' ein Gattungswesen, also nicht mehr das einzelne empirische Individuum.

„Das praktische Erzeugen einer gegenständlichen Welt, die Bearbeitung der unorganischen Natur ist die Bewährung des Menschen als eines bewußten Gattungswesens, d.h. als eines Wesens, das sich zu der Gattung als seinem eigenen Wesen oder zu sich als Gattungswesen verhält." (20)

In der Bearbeitung der gegenständlichen Welt bewährt sich der Mensch als Gattungswesen. Es verdopptelt sich werktätig und die Realisierung des Gattungswesens sei erreicht, wenn sich der Mensch in einer von ihm selbst geschaffenen Welt anschaut oder ‚wiedererkennt', um einen Terminus Althussers zu benutzen.

In bürgerlicher Gesellschaft tritt dem Arbeiter (in den ‚Manuskripten' oft synonym verwendet mit ‚Mensch') das Produkt, die Vergegenständlichung seiner Arbeit, als fremdes Wesen, als Negation seines Gattungswesens gegenüber. Die entfremdete Arbeit zeichnet sich verantwortlich für die gesamten entfremdeten Verhältnisse, der Entfremdung des Arbeiters von seinem Produkt, der Entfremdung des Menschen vom Menschen, der Entfremdung des Menschen von der Natur, der Selbstentfremdung innerhalb der Produktion, letztlich für die Existenz des Privateigentums, des Kapitals.

Die Individuen können sich in diesen entfremdeten Verhältnissen nur als Unmenschen realisieren; sie sind die ‚absolute' Negation ihres Gattungswesens.

Wir haben es hier mit einer ähnlichen, wenn auch komplizierteren Argumentationsfigur zu tun, wie sie die Einleitung ‚Zur Kritik der Hegelschen Rechtsphilosophie' durchzieht.

Das Gattungswesen ‚Mensch' bestimmt sich durch seine Tätigkeit. Die Produkte seiner Tätigkeit treten dem Arbeiter in bürgerlicher Gesellschaft als fremdes Wesen gegenüber, als Resultat entfremdeter Arbeit und degradieren den Arbeiter zur Negation des Gattungswesen als Arbeiter, aber nicht vollständig als Gattungswesen Mensch; denn er ist noch immer Produzent, also aktiver Teil dieser Bewegung, insofern auch noch die entfremdete Tätigkeit Teil der Bestimmung des Gattungswesens ‚Mensch' ist. (21)

„Diese Argumentationsstruktur läßt sich nur denken, wenn man das Gattungswesen nicht einfach mit dem Arbeiter und den Arbeiter nicht einfach mit seinem historischen Unwesen gleichsetzt, sondern die Differenz beider, bei gleichzeitiger Identität im Auge zu behalten versucht." (22)

Die Schwächen der bis dahin dargelegten Argumentation scheinen mir im folgenden zu liegen:
Zum einen ist Marx in der Entwicklung seines Begriffsapparates noch nicht soweit fortgeschritten – so kennt er noch nicht den Begriff der *Produktionsweise* und benutzt den „prosaischen Begriff Produktion" (23) – um erklären zu können, daß es gerade die kapitalistische Produktionsweise ist, die das Privateigentum hervorbringt.

Zum anderen scheint mir in Marxens Argumentation etwas einzugehen, was er erst entwickeln müßte. Nämlich die Notwendigkeit, daß der Arbeiter sich in seinem Produkt und das vollendete Gattungswesen sich in seiner Welt wiedererkennen muß. (24)

Zum dritten steht Marx, ähnlich wie in der Einleitung ‚Zur Kritik der Hegelschen Rechtsphilosophie', vor dem Problem, daß die Individuen selbst als Produzenten ihrer illusionären, ideologischen Vorstellungen über ihre Existenzbedingungen erscheinen, die ihnen in der Form der wesensfremden, vergegenständlichten Dingwelt entgegentreten und sie fortwährend daran hindern, die Strukturzusammenhänge kapitalistischer Produktionsweise zu erkennen.

Diesem Problem entgeht Marx auch nicht, indem er, wie noch zu zeigen sein wird, diese Argumentation einbettet in eine geschichtsphilosophische Konzeption, die Geschichte denkt als eine sich selbst verwirklichende Bewegung.

Marx kann noch nicht deutlich machen, wie späterhin im ‚Kapital', daß es die dem Kapital eigenen Tendenzen und Strukturgesetze kapitalistischer Produktionsweise sind, die über die Erscheinungsebene alltäglicher Erfahrung ein bestimmtes Erkennen/Wiedererkennen der Individuen nahelegen, was aber ein notwendiges Verkennen der wirklichen Bewegung (nämlich der Gesetze kapitalistischer Produktionsweise) mit einschließt.

Vor allem im 3. Manuskript der ‚Ökonomisch-Philosophischen Manuskripte' entwickelt Marx den Gedanken, daß das Privateigentum Produkt und nicht Voraussetzung der entäußerten Arbeit, „als sein entwickeltes Verhältnis des Widerspruchs, darum energetisches, zur Auflösung treibendes Verhältnis" sei. (25)

„Die Aufhebung der Selbstentfremdung macht denselben Weg wie die Selbstentfremdung" (26), wobei der Kommunismus als Endzweck der Geschichte gedacht wird, als

> „... positive Aufhebung des Privateigentums als menschlicher Selbstentfremdung und darum als wirkliche Aneignung des menschlichen Wesens durch und für den Menschen; darum als vollständige, bewußt und innerhalb des ganzen Reichtums der bisherigen Entwicklung gewordene *Rückkehr* des Menschen für sich als eines gesellschaftlichen, d.h. menschlichen Wesens. Dieser Kommunismus ist als vollendeter

Naturalismus = Humanismus, als vollendeter Humanismus = Naturalismus, er ist die wahrhafte Auflösung des Widerstreits zwischen dem Menschen und der Natur ..." (27)

Wir haben es hier mit einer Geschichtsphilosophie zu tun, die sich an Hegel anlehnt, auf den Marx explizit am Ende der Manuskripte eingeht.

Das Große an der Hegelschen ‚Phänomenologie', so Marx, sei, die Dialektik der Negativität als bewegendes und erezugendes Prinzip erkannt zu haben, und die Selbsterzeugung des Menschen als Prozeß der „Vergegenständlichung als Entgegenständlichung, als Entäußerung und als Aufhebung der Entäußerung" und damit den wahren, wirklichen Menschen als „Resultat seiner eigenen Arbeit" gefaßt zu haben. (28)

Das Negative an Hegels Philosophie sei, daß er die Arbeit als das sich bewährende Wesen des Menschen faßt, also nur die positive Arbeit sehe, nicht die negative; Arbeit für Hegel lediglich ‚abstrakt geistige' Arbeit sei.

Dennoch übernimmt Marx die *Struktur* der Argumentation von Hegel vollständig.

Waren für Hegel die Vorstellungen der Individuen oder die Institutionen des Staates notwendige Repräsentationen des im teleologischen Geschichtsverlauf sich selbst verwirklichenden absoluten Geistes, also Erscheinungen des Allgemeinen im Besonderen, so ist für den Marx der ‚Manuskripte' Sinn und Endzweck der Geschichte die Selbstverwirklichung des Gattungswesen ‚Mensch'.

Die Negation des Gattungswesen Mensch in Form der Entfremdung ist in diesem Geschichtskonzept allererst die Bedingung der Möglichkeit für deren Negation, also positive Aufhebung. Es handelt sich somit um ein geschlossenes und damit der Ideologie verdächtiges Geschichtskonzept der Partizipation des Endes im Anfang und umgekehrt.

Diese Prozessualität ist eine Hegelsche und **nicht** marxistische, auch wenn das Konzept inhaltlich ‚materialisiert' (was im übrigen Feuerbach schon geleistet hatte) wurde, insofern als Geschichte gedacht wird als Selbstverwirklichung des Gattungswesens Mensch, dessen Bewährung sich in der Bearbeitung der gegenständlichen Welt vollzieht.

Nicht marxistisch deshalb, weil diese Geschichtskonzeption einen gewissen Geschichtsfinalismus bzw. Automatismus nahelegt, und zum anderen man sich fragen muß, wo eigentlich die **zentrale** Kategorie der marxistischen Theorie bleibt, nämlich die des Widerspruchs, der nach Althusser im Gegensatz zum Hegelschen Widerspruch als überdeterminiert zu denken ist (29), und allererst Bewegung, Entwicklung hervorbringt, wenn sich die Menschen als Gattungswesen realisiert haben.

Völlig ungeklärt bleibt in dieser Konzeption die Beantwortung der Frage nach dem **wie**, den Mechanismen, nach denen die Individuen sich in den gesellschaftlichen Verhältnissen einrichten; ferner die Beantwortung der Frage nach den Mechanismen, nach denen die Individuen illusionäre Vorstellungen über ihre Existenzbedingungen produzieren, oder wenn diese Illusionen durch die Verhältnisse selbst hervorgebracht werden, diese interiorisiert, letztlich ‚versubjektiviert' werden.

Die Individuen erscheinen hier als solche, die zwar ihre Verhältnisse selbst produzieren, ihnen aber gleichzeitig in bürgerlicher Gesellschaft als wesensfremde gegenüberstehen. Dieses Stadium der Negation in bürgerlicher Gesellschaft, ist aber innerhalb der Marxschen Geschichtskonzeption eine notwendige Phase auf dem Weg zur Wiedergewinnung des Gattungswesens, denn die Negation tendiert dazu, selbst negiert zu werden. Um den Philosophen verständlich zu bleiben: Das ‚Außer-sich' sein, also die Negation, hervorgebracht aus dem ‚An-sich' sein, tendiert dazu aufgelöst, aufgehoben zu werden im Moment des ‚An-und-Für-sich' sein.

Vor dem Hintergrund dieser Geschichtskonzeption, Produkt einer philosophischen Problematik, wird auch der anklagend kritisch-humanistische Diskurs von Marx verständlich, in dem in jeden Satz implizit die Forderung eingeht, diese inhumanen Verhältnisse zu revolutionieren.

Von einem Diskurs, der versucht, die Erkenntnisse der Struktur der Gesellschaft streng begrifflich zu fassen, kann keine Rede sein.

In bezug auf das Problem einer Ideologie‚theorie' in den ‚Manuskripten' läßt sich zusammenfassend sagen: Die Menschen machen sich imaginäre Vorstellungen über ihre Existenzbedingungen (von ihnen produziert), weil die Existenzbedingungen selbst entfremdet sind, beherrscht durch das Wesen der entfremdeten Arbeit. Mit Althusser:

> „All diese Interpretationen nehmen die von ihnen unterstellte und ihnen zugrundeliegende These wörtlich, daß das, was sich in der Ideologie als imaginäre Vorstellung der Welt wiederspiegelt, die Existenzbedingungen der Menschen, also deren reale Welt ist." (30)

II.3 DIE DEUTSCHE IDEOLOGIE

Marx schreibt im Vorwort ‚Zur Kritik der Politischen Ökonomie' von 1859 über die ‚Deutsche Ideologie', die 1845/46 von Marx und Engels verfaßt wurde:

> „... beschlossen wir, den Gegensatz unserer Ansicht gegen die ideologische der deutschen Philosophie gemeinschaftlich auszuarbeiten, in der Tat mit unserem ehemaligen philosophischen Gewissen abzurechnen. Der Vorsatz ward ausgeführt in der Form einer Kritik der nachhegelschen Philosophie. Das Manuskript, zwei starke Oktavbände, war längst an seinem Verlagsort in Westphalen angelangt, als wir die Nachricht erhielten, daß veränderte Umstände den Druck nicht erlaubten. Wir überließen das Manuskript der nagenden Kritik der Mäuse um so williger, als wir unseren Haupt-

Manuskript der nagenden Kritik der Mäuse um so williger, als wir unseren Hauptzweck erreicht habben – Selbstverständigung." (31)

Althusser hat die Aussage von Marx, daß in der ‚Deutschen Ideologie' eine Abrechnung mit dem philosophischen Gewissen stattfinde, zum Anlaß – nicht als Beweis – genommen, die ‚Deutsche Ideologie' als ein Werk des Einschnitts zu bezeichnen.

„Was die ‚Deutsche Ideologie' betrifft, so bietet sie uns schlechthin ein Denken im Zustand des Bruchs mit seiner Vergangenheit, indem sie alle seine alten theoretischen Voraussetzungen dem unerbittlichen Spiel eines kritischen Masserkers unterwirf: in erster Linie Hegel und Feuerbach, alle Formen einer Philosophie des Bewußtseins und einer anthropologischen Philosophie." (32)

Die von Althusser geforderte und z.T. von ihm geleistete ‚kritische Arbeit' an der ‚Deutschen Ideologie', die „delikate Interpretationsprobleme im Hinblick auf ihren Ort in der theoretischen Formation des Denkens von Marx stellt" (33), kann und soll hier nicht an der gesamten Begrifflichkeit geleistet werden.

Die ‚Deutsche Ideologie' wäre zu lesen als eine Gegenposition zur junghegelschen Philosophie bzw. Ideologie. Diese Gegenposition stellen Marx und Engels sehr wortgewaltig, voller Witz und Ironie dar. In der Vorrede kündigen sie eine ‚Entlarvung', der sich selbst als *Wölfe* präsentierenden und fühlenden junghegelianischen Philosophen als *Schafe* an, die lediglich die Vorstellungen der deutschen Bürger philosophisch nachblöken. Weiter heißt es:

„Ein wackrer Mann bildete sich einmal ein, die Menschen ertränken nur im Wasser, weil sie vom *Gedanken der Schwere* besessen wären. Schlügen sie sich diese Vorstellungen aus dem Kopfe, etwa indem sie dieselbe für eine abergläubige, für eine religiöse Vorstellung erklärten, so seien sie über alle Wassersgefahr erhaben. Sein Leben lang bekämpfte er die Illusion der Schwere, von deren schädliche Folgen jede Statistik ihm neue und zahlreiche Beweise lieferte. Der wackre Mann war der Typus der neuen deutschen revolutionären Philosophen." (34)

Doch beschränkt sich die ‚Deutsche Ideologie' nicht auf eine Kritik oder ‚Entlarvung' der deutschen Philosophie bzw. Ideologie, sondern Marx und Engels versuchen diese Ideologie selbst noch einmal als notwendigen Ausdruck, als, wie sie später sagen, ‚Sublimat' der deutschen Verhältnisse zu fassen. Somit können wir sagen, daß die deutsche Ideologie eine explizite Theorie der Ideologie enthält, von der Althusser sagt, daß sie *nicht Marxistisch sei.* (35) Wie nun ließe sich der Ideologiebegriff der deutschen Ideologie kennzeichnen?

Marxens Ausgangspunkt ist die Kritik der nachhegelschen Philosophen, die meinen, durch eine bloße Umwälzung auf philosophischer Ebene, auf der Ebene des Bewußtseins, die Revolution herbeiführen zu können.

„Die jungehegelschen Philosophen sind trotz ihrer angeblich ‚welterschaudernden' Phrasen die größten Konservativen." (36)

Diese Philosophen stellen sich nämlich die entscheidende Frage nicht; sie sind nicht in der Lage zu reflektieren, in welchem Zusammenhang ihre Kritik mit ihrer eigenen materiellen Umgebung steht, letztlich also nach dem Zusammenhang der deutschen Philosophie mit der deutschen Wirklichkeit zu fragen. Sie abstrahiert von der Aktion der Individuen und deren materielle Lebensbedingungen. Um diesen Zusammenhang zu reflektieren, ist es für Marx unabdingbar, sich den ‚wirklichen Menschen', ihrer materiellen Tätigkeit zuzuwenden, denn „wie die Individuen ihr Leben äußern, so sind sie". (37) Das heißt für Marx, daß die Voraussetzungen der Analyse ‚lediglich auf rein empirischem Wege konstatierbar' sind.

Der Fortgang der Marxschen Argumentation, seine Reflexion über den Unterschied Mensch-Tier und die Teilung der Arbeit im historischen Prozeß dürften hinlänglich bekannt sein.

Entscheidend für die hier zur Diskussion stehende Problematik sind die schon klassisch gewordenen Passagen in der ‚Deutschen Ideologie', die sich mit dem Verhältnis des materiellen Verkehrs der Individuen und deren Bewußtseinsstruktur auseinandersetzen.

> „Von der geistigen Produktion, wie sie in der Sprache der Politik, der Gesetze, der Moral, der Religion, Metaphysik usw. eines Volkes sich darstellt, gilt dasselbe. Die Menschen sind die Produzenten ihrer Vorstellungen, Ideen po., aber die wirklichen, wirkenden Menschen, wie sie bedingt sind durch eine bestimmte Entwicklung ihrer Produktivkräfte und des denselben entsprechenden Verkehrs bis zu seinen weitesten Formationen hinauf. Das Bewußtsein kann nie etwas andres sein als das bewußte Sein, und das Sein der Menschen ist ihr wirklicher Lebensprozeß. Wenn in der ganzen Ideologie die Menschen und ihre Verhältnisse wie in einer Camera obscura auf den Kopf gestellt erscheinen, so geht dies Phänomen ebensosehr aus ihrem historischen Lebensprozeß hervor, wie die Umdrehung der Gegenstände auf der Netzhaut aus ihrem unmittelbar physischen." (38)

Ideologie wird hier von Marx und Engels gedacht als ein, wie sie sagen, ‚Reflex', ‚Echo'. Sie entspringt einer außer ihr liegenden Realität, nämlich den materiellen Verhältnissen selbst. Dabei zeigt sich die Ideologie verantwortlich für die ‚Nebelbildungen' im Gehirn, für die Umdrehung der wirklichen Verhältnisse im Bewußtsein der Individuen. Die Ursache dieser Nebelbildungen wird in einer Kausalitätsbeziehung gedacht.

> „Es wird von den wirklich tätigen Menschen ausgegangen und aus ihrem wirklichen Lebensprozeß auch die Entwicklung der ideologischen Reflexe und Echos dieses Lebensprozesses dargestellt. Auch die Nebelbildungen im Gehirn der Menschen sind notwendige Sublimate ihres materiellen, empirisch konstatierbaren und an materielle Voraussetzungen geknüpften Lebensprozesses." (39)

Die Ideologie ist ein Sublimat, ein **notwendiges** Sublimat, der materiellen, empirisch konstatierbaren Verhältnisse.

Auffällig an diesen Passagen ist, daß die Ideologie versucht wird auf der beschreibenden Ebene zu fassen, und zwar wesentlich in naturwissenschaftlichen, vornehmlich physikalisch-chemischen Termini, wie Echo, Reflex, Camera obscura und Sublimat. So bezeichnet z.B. die Sublimation einen chemischen Vorgang der aus einem festen Stoff, unter Auslassung des Stadiums des flüssigen, einen gasförmigen macht. Die Ideologietheorie in der ‚Deutschen Ideologie' hat somit einen beschreibenden Charakter. Dabei ist die Ideologie in der ‚Deutschen Ideologie' zweifach negativ besetzt.

Zum einen in einem bewertenden Sinne, insofern als sich die Ideologie verantwortlich zeigt für die Verneblung der Gehirne, für die Umkehrung der wirklichen Verhältnisse im Bewußtsein der Individuen. Ideologie stellt also kein Erkenntnismittel dar, schon gar nicht ein Instrument zur Veränderung der Verhältnisse.

Zum zweiten ist der Terminus Ideologie negativ besetzt, insofern nicht versucht wird, die Ideologie ‚positiv' begrifflich zu fassen, in dem Sinne, daß ihr eine eigene Struktur und Funktionsweise zugesprochen wird; sie ist lediglich Reflex einer außer ihr stehenden Realität. Es fehlt also eine Theorie der Ideologie im allgemeinen, wie Althusser es bezeichnet hat. (40) Dennoch halte ich die Kennzeichnung Althussers, nach der die Ideologie in der ‚Deutschen Ideologie' nichts als Illusion sei, ein reiner Traum im vor-freudschen Sinne, letztlich also eine willkürliche Zusammensetzung von Tagresten für eindeutig überzogen. (41) Denn für Marx sind die ideologischen Vorstellungen **notwendige** Sublimate ihres materiellen Lebensprozesses; d.h. Marx denkt diesen Prozeß im Sinne einer notwendig kausalen Beziehung.

Was sicherlich konstatiert werden kann, ist, daß Marx die Mechanismen nicht aufzeigt, die die Notwendigkeit der Produktion ideologischer Vorstellungen der Individuen verdeutlichen.

Diese Leerstelle wird auch nicht hinreichend gefüllt, wenn Marx im Rahmen staatstheoretischer Reflexionen versucht zu erklären, daß der Staat eine selbständige Gestaltung aus dem Widerspruch von besonderem und gemeinschaftlichem Interesse annimmt, „getrennt von den wirklichen Einzel- und Gesamtinteressen" (42) und sich innerhalb des Staates die wirklichen Kämpfe in ‚illusionären Formen' abspielen. D.h. durch die Form staatlicher Organisation erscheinen den Individuen die Kämpfe nicht als das, was sie sind: nämlich Klassenkämpfe. Erst durch die Aufhebung dieser Formen, also des Staates, letztlich der Klassen, verschwinden auch die Illusionen, verschwindet die Ideologie.

Somit ist der Ideologiebegriff der ‚Deutschen Ideologie' auch immer an Herrschaft, genauer Klassenherrschaft gebunden. Denn jede Klasse muß einmal an die Macht gelangt, ihre Herrschaft sichern. Sie muß nicht nur staatliche Organisationsformen finden, die ihre Herrschaft zumindest nicht gefährden, sondern auch ihre Gedanken zu den herrschenden Gedanken machen, letztlich ihre Herrschaft als nicht veränderbar, als natürliche mystifizieren; ihr besonderes Interesse als allgemeines darstellen.

Diese Tätigkeit übernehmen nach Marx und Engels die „aktiven konzeptiven Ideologen" (43), die Denker der herrschenden Klasse.

Die Ideologie trägt in diesem Zusammenhang eindeutig instrumentelle Züge, insofern die Denker der herrschenden Klasse selbige produzieren und benutzen. Dies heißt weiter, daß der Ideologiebegriff der ‚deutschen Ideologie' nicht einheitlich benutzt wird, sondern sich selbst als mehrschichtig erweist. Einmal ist die Ideologie Effekt der materiellen Verhältnisse, zum anderen Produkt und Instrument der Denker der herrschenden Klasse und zum dritten ist die Ideologie auch irgendwie ‚materialisiert', z.B. in staatlichen Organisationen, wo sich die wirklichen Kämpfe in ‚illusionären Formen' abspielen. **Fassen wir zusammen**, was über den Ideologiebegriff der ‚Deutschen Ideologie' herausgearbeitet wurde:

- Die Ideologie ist ein notwendiger Effekt (Echo/Reflex) einer vorgängigen Realität.
- Sie zeigt sich verantwortlich für die Vernebelung der Gehirne, für die Verkehrung der wirklichen Verhältnisse im Bewußtsein der Individuen.
- Ideologie ist gebunden an Klassen, Klassenherrschaft.
- Sie verschwindet, wenn die Klassenherrschaft beseitigt ist, weil dann die Hauptfunktion der Ideologie, nämlich Herrschaftssicherung, hinfällig geworden ist.

An diese Ideologiekonzeption schließen sich eine ganze Reihe Fragen an, die ungeklärt bleiben und es gehen in diese Konzeption Voraussetzungen ein, die überprüft werden müssen.

Zuerst zu den Fragen:

Eine Frage, die nicht oft genug wiederholt werden kann: Warum ‚brauchen' die Individuen die imaginären Vorstellungen über ihre Existenzbedingungen, warum erkennen sie nicht die ‚reale' Konstitution der Welt, warum jagen sie nicht ihre Beherrscher dahin, wo sie hingehören?

Wie sehen die *Mechanismen*, wie die *Struktur* der Ideologie aus, wie gelangt sie überhaupt ins Bewußtsein der Individuen und was ist eigentlich ‚Bewußtsein'.

Marx hat zwar die Analyse einer konkreten Ideologie, genauer einer konkreten theoretischen Ideologie, nämlich der nachhegelschen Philosophie vorgenommen, aber es gibt doch noch andere Ideologien, ‚praktische' Ideologien, wie z.B. politische und religiöse Ideologien.

In welchem Verhältnis steht die Ideologie zum Handeln der Menschen?

Wir sehen, es werden mehr Fragen aufgeworfen als geklärt. Dies scheint mir an zweierlei Dingen zu liegen:

Zum einen wird der Ideologie keine eigene Realität zugesprochen, keine eigene Struktur oder Funktionsweise, weil sie als Reflex einer außer ihr liegenden Realität gedacht wird. D.h. die ganze Ideologietheorie der ‚Deutschen Ideologie' fußt auf einer **Grundannahme**: Daß die Ideologie nämlich tatsächlich die realen Verhältnisse, die Existenzbedingungen der Individuen widerspiegelt. Bei der Beschäftigung mit Althusser werden wir sehen, daß diese Vorstellung durch eine kompliziertere ersetzt werden muß. Nämlich daß in der Ideologie das imaginäre *Verhältnis* der Individuen zu ihren Existenzbedingungen repräsentiert wird und nicht die Existenzbedingungen selbst.

Zum zweiten denke ich, liegt ein wesentlicher Grund für die Vielfältigkeit der aufgeworfenen Fragen darin, daß in den bisher behandelten Texten von Marx, nichts vorliegt, was man als Theorie des Subjekts bezeichnen könnte.

Marx und Engels haben zwar immer wieder betont, daß das Individuum kein monolitischer Block, ausgestattet mit einem präexistenten Wesen ist, sondern immer auf der Gesellschaftlichkeit der Individuen insistiert, das Individuum als Ensemble gesellschaftlicher Verhältnisse gedacht, dennoch entwickeln sie keinen Begriff vom Bewußtsein, oder gar eine Theorie über die Struktur des psychischen Apparates der Individuen. Wichtig für den Fortgang der Untersuchungen im Hinblick auf die Ideologieproblematik scheint mir zu sein, daß Marx und Engels in der ‚Deutschen Ideologie' darauf insistieren, daß die Ideologie nicht bloß ein Gedankengebilde, eine Lüge ist, fern aller Verwurzelung in den materiellen Verhältnissen, sondern immer in einem bestimmten Verhältnis zu den realen Existenzbedingungen der Individuen steht; daß also konkrete ideologische Formationen eine Geschichte haben, eine Geschichte, die außerhalb ihrer selbst liegt, nämlich letztlich in den Produktionsverhältnissen bestimmter Gesellschaftsformationen.

II.4 IDEOLOGIEBEGRIFF IM ‚KAPITAL'

Im letzten Arbeitsschritt zum Themenkomplex ‚Ideologiebegriff bei Marx' soll der Versuch unternommen werden, den Ideologiebegriff in der ‚Kritik der Politischen Ökonomie' herauszuarbeiten.

Obwohl Marx nach der ‚Deutschen Ideologie' nie wieder explizit zu ideologietheoretischen Fragen Stellung genommen hat, halte ich eine Beschäftigung mit Marxens Hauptwerk für unerläßtlich. Um dies herauszustellen werde ich am Anfang des Kapitels Arbeitshypothesen aufstellen, die es im Verlauf der Darstellung zu verifizieren und darzulegen gilt.

– Im ‚Kapital' findet sich, zumindest angelegt, eine Theorie der Ideologie, die vor allem in der Lage wäre, ansatzweise theoretisch zu erklären, worin die Notwendigkeit der Produktion illusionärer, ideologischer Vorstellungen der Individuen besteht.
– Die Bearbeitung der Ideologieproblematik im Kapital unterscheidet sich stark von der der ‚Deutschen Ideologie'.
– Dies obwohl in dem berühmten Kapitel des ‚Kapital' ‚Der Fetischcharakter der Ware und sein Geheimnis' eine Stringenz und Kontinuität zwischen ‚Deutscher Ideologie' und Kapital nahegelegt wird.
– Daraus muß folgen: Im Kapital selbst findet sich eine Diskrepanz zwischen dem ‚Fetischkapitel' und späteren Passagen, die sich mit dem Verhältnis des materiellen Verkehrs der Individuen und deren ‚Alltagsbewußtsein' auseinandersetzen.
– D.h. eine marxistische Ideologietheorie, die sich wesentlich auf das Fetischkapitel stützt, wird Marx selbst nicht gerecht.
– Gerade die späteren Passagen im ‚Kapital' zum Ideologieproblem lassen deutlich werden, worin Althussers Anknüpfungspunkte liegen bei seinem Versuch der Weiterentwicklung einer materialistischen Ideologietheorie.

2. Bei der Analyse zur Bearbeitung des Ideologieproblems bei Marx im ‚Kapital' werde ich mich auf zwei Passagen stützen, in denen sich Marx mit der Problematik der Hervorbringung ideologischer Vorstellungen der Individuen auseinandersetzt; einmal in bezug auf den Arbeiter, ein anderes Mal in bezug auf den Kapitalisten. Auf diese Passagen rekurriert z.B. auch W. Schmidt bei der Bearbeitung des Ideologiebegriffs bei Marx. (44)
In bezug auf den Arbeiter soll am 6. Kapitel des 1. Bandes des ‚Kapital' „Der Arbeitslohn" deutlich gemacht werden, wie Marx den Prozeß denkt, der dem Arbeiter den Lohn als Preis/Wert seiner Arbeit erscheinen läßt. (45)

2.1 Der Arbeitslohn

> „Auf der Oberfläche der bürgerlichen Gesellschaft erscheint der Lohn des Arbeiters als Preis der Arbeit, ein bestimmtes Quantum Geld, das für ein bestimmtes Quantum Arbeit gezahlt wird. Man spricht hier vom Wert der Arbeit und nennt seinen Gedlausdruck ihren notwendigen oder natürlichen Preis." (46)

Marx verdeutlicht im folgenden, daß, wenn der Lohn des Arbeiters (Geld, d.h. vergegenständlichte Arbeit) direkt mit lebendiger Arbeit ausgetauscht würde, nicht nur das Wertgesetz, sondern auch die kapitalistische Produktionsweise sich aufheben würde.

Würde nämlich der Arbeiter für einen 12-stündigen Arbeitstag einen Geldwert von 6sh, gemäß eines Äquivalententausches erhalten, wäre der Preis der

Arbeit gleich dem Preis des von ihm produzierten Produkts; d.h. Mehrwertproduktion für den Käufer der Arbeitskraft ist nicht denkbar, die 6 sh würden sich nicht in Kapital verwandeln, „die Grundlage der kapitalistischen Produktion verschwände“. (47)

Oder aber der Arbeiter erhielte für 12 Stunden Arbeit weniger als 6 sh, dann würden sich 12 Stunden Arbeit gegen 10, 8 ... Stunden tauschen. Es fände eine Gleichsetzung ungleicher Größen statt.

Demnach nützt es nichts, „den Austausch von mehr oder gegen weniger Arbeit aus dem Formunterschied herzuleiten, daß sie das eine Mal vergegenständlicht, das andere Mal lebendig ist“. (48) Was dem Geldbesitzer auf dem Warenmarkt nämlich entgegentritt, ist nicht die Arbeit, sondern der Arbeiter, der seine **Arbeitskraft** verkauft. Die Arbeit selbst ist zwar die ‚Substanz und das immanente Maß der Werte‘, hat selbst aber keinen Wert.

Marx verdeutlicht also, daß der Ausdruck ‚Wert der Arbeit‘, der im Lohn repräsentiert sein soll, ein imaginärer Ausdruck ist.

> „Diese imaginären Ausdrücke entspringen jedoch den Produktionsverhältnissen selbst“ (49)

und durchziehen nicht nur das ‚Alltagsbewußtsein‘ des Arbeiters, sondern die gesamte politische Ökonomie. Denn was die politische Ökonomie ‚Wert der Arbeit‘ nennt, ist der Wert der Arbeitskraft,

> „die in der Persönlichkeit des Arbeiters existiert und von ihrer Funktion, der Arbeit, ebenso verschieden ist wie eine Maschine von ihren Operationen“. (50)

Der Lohn repräsentiert also nicht den Wert der Arbeit, sondern den Wert der Arbeitskraft, der sich bestimmt durch die gesellschaftlich durchschnittlichen Aufwendungen für seine Reproduktion und Produktion.

Die Arbeitskraft funktioniert nun einen vollen Arbeitstag (12 Std.). Es ist ihr aber zu eigen, daß sie mehr Wert produzieren kann, als für ihre eigenen Reproduktion notwendig ist.

D.h. der Wert einer 12 Stunden funktionierenden Arbeitskraft sei 3sh (Lohn), ein Wert, zu dessen Reproduktion sie 6 Stunden gebraucht.
Ihr Wert**produkt** ist dagegen 6 sh,

> „weil sie in der Tat während 12 Stunden funktioniert, und ihr Wertprodukt nicht von ihrem eigenen Werte, sondern von der Zeitdauer ihrer Funktion abhängt. Man erhält so auf den ersten Blick abgeschmackte Resultat, daß Arbeit, die einen Wert von 6sh schafft einen Wert von 3sh besitzt“. (51)

6 Stunden des gesamten Arbeitstages sind unbezahlte Arbeit, Mehrarbeit.

In der Form des Lohns (3sh) erscheint nun dem Arbeiter der gesamte Arbeitstag bezahlt, als Preis der Arbeit, als Wert der Arbeit.

> „Die Form des Arbeitslohnes löscht also jede Spur der Teilung des Arbeitstages in notwendige Arbeit (zur Reproduktion der Arbeitskraft; U.R.) und Mehrarbeit, in bezahlte und unbezahlte Arbeit aus. Alle Arbeit erscheint als bezahlte Arbeit.“ (52)

Der Preis oder Wert der Arbeitskraft wird, in die Lohnform verwandelt, zum Preis oder Wert der Arbeit selbst.
Dieser Effekt wird nach Marx durch folgende Mechanismen unterstützt.

- Der Austausch zwischen Kapital und Arbeit stellt sich wie der Verkauf und Kauf aller anderen Waren dar. Nämlich Geld gegen einen ‚von Geld verschiedenen Artikel'.
- Weiterhin wird der Arbeiter gezahlt (Zeitlohn, Stücklohn) in der Form von Geld, **nachdem** er seine Arbeit geleistet hat. Das Geld realisiert also im nachhinein den Preis oder Wert des gelieferten Artikels, hier der gelieferten Arbeit.
- „Endlich ist der ‚Gebrauchswert', den der Arbeiter dem Kapitalisten liefert, in der Tat nicht seine Arbeitskraft, sondern ihre Funktion, eine bestimmte nützliche Arbeit, Schneiderarbeit, Schusterarbeit, Spinnarbeit usw.
  Daß dieselbe nach einer anderen Seite hin allgemeines wertbildendes Element ist, eine Eigenschaft, wodurch sie sich von allen anderen Waren unterscheidet, fällt außerhalb des Bereichs des gewöhnlichen Bewußtseins." (53)
- Des weiteren erscheint dem Arbeiter, bedingt durch den ständigen Wechsel der Höhe des Lohns, dieser Wechsel als Wechsel des Werts oder Preises seiner geleisteten Arbeit.

Diese Vorstellungen, nach der der Lohn den Wert der Arbeit repräsentiere, bedingt durch tägliche gesellschaftliche Praxis, reproduzieren sich nach Marx ‚spontan, als gang und gäbe Denkformen'. (54) Diese aus der täglichen Praxis der Individuen entspringenden ‚spontanen, gang und gäbe Vorstellungen' (be)treffen allerdings nicht nur den Lohnempfänger, sondern wie Marx im 22. und 23. Kapitel des 3. Bandes des ‚Kapital' deutlich macht, ebenfalls den Kapitalisten. (55)

Marx geht in diesen Kapiteln auf die Problematik ein, daß der Kapitalzins als ‚ursprünglich' erscheint, d.h. der Profit in Kapitalzins und Unternehmergewinn gespalten wird, wobei verkannt wird, daß der Zins „in Wirklichkeit nichts als ein Teil des Profits" (56) ist, also ein Teil des Mehrwerts, den der Kapitalist an den Verleiher des Kapitals zahlen muß.

Marx stellt sich die Frage, wie es kommt, daß diese rein quantitative Teilung des Profits in Nettoprofit und Zins in eine qualitative umschlägt, die letztlich der Natur des Kapitals und Profits zu entspringen scheint.

> „Um die Frage zu beantworten, müssen wir noch etwas länger verweilen bei dem wirklichen Ausgangspunkt der Zinsbildung; d.h. ausgehen von der Unterstellung, daß Geldkapitalist und produktiver Kapitalist sich wirklich gegenüberstehen, nicht nur als juristisch verschiedene Personen, sonden als Personen, die ganz verschiedene Rollen im Reproduktionsprozeß spielen oder in deren Hand dasselbe Kapital wirklich eine

doppelte und gänzlich verschiedene Bewegung durchmacht. Der eine verleiht sie nur, der andere wendet es produktiv an." (57)

Ein produktiver Kapitalist arbeitet mit geliehenem Kapital. Sein Bruttoprofit (Bp) besteht aus zwei Teilen; dem Zins (z), den er dem Verleiher des Kapitals zu zahlen hat und aus seinem Eigenanteil, der sich aus dem Überschuß über den Zins ergibt. Dieser Anteil wird als Unternehmergewinn bezeichnet. Also: Bp – z = Unternehmergewinn.

Dieser Unternehmergewinn erscheint dem Kapitalisten als Produkt des Kapitals, sobald es fungiert, „entspringend ausschließlich aus den Operationen oder Funktionen, die er im Reproduktionsprozeß mit dem Kapital vollführt, ..." (58). D.h. der Unternehmergewinn scheint dem produktiven Kapitalisten aus der **Anwendung** des Kapitals zu entspringen.

Ganz anders beim Zins:
Dieser nämlich ist dem Kapitalverleiher (Geldkapitalist) zu entrichten, verringert den Bruttoprofit, stellt sich also dem produktiven Kapitalisten als ‚Kosten' dar. „Der Zins, den er (der produktive Kapitalist) an diesen (den Geldkapitalisten) zahlt, erscheint also als der Teil des Rohprofits, der dem Kapitaleigentum **als solchen** zukommt". (59) D.h. der Zins scheint aus der bloßen **Existenz** des Kapital zu entspringen.

„Ihm gegenüber erscheint der Zins als bloße Frucht des Kapitaleigentums, des Kapitals an sich, abstrahiert vom Reproduktionsprozeß des Kapitals soweit es nicht ‚arbeitet', nicht fungiert; während ihm der Unternehmergewinn erscheint als ausschließliche Frucht der Funktionen, die er mit dem Kapital verrichtet, als Frucht der Bewegung und des Prozessierens, das ihm nun als seine eigenen Tätigkeit erscheint im Gegensatz zur Nichttätigkeit zur Nichtbeteiligung des Geldkapitalisten am Produktionsprozeß." (60)

Was dabei im wissenschaftlichen Sinne ‚falsch' ist, ist die Tatsache, daß Zins und Unternehmergewinn nur aus dem Mehrwert entspringen können; daß also kein Kapital auch nur einen Pfennig Zins abwirft, wenn es nicht in fungierendes, produktives Kapital verwandelt, also im Produktionsprozeß eingesetzt wird.

Dennoch betont Marx, daß die qualitative Scheidung zwischen Zins und Unternehmergewinn keineswegs bloß subjektive Auffassungen des Geldkapitalisten hier und des industriellen Kapitalisten dort sind.

Diese ‚falschen' Vorstellungen sind nämlich überaus objektiv, beruhen auf objektiven Tatsachen, sind also in der Praxis der Individuen existent, somit letztlich **‚richtige'** Vorstellungen. Denn der;

„Zins fließt dem Geldkapitalisten, dem Leiher zu, der bloßer Eigentümer des Kapitals ist, also das bloße Kapitaleigentum vertritt vor dem Produktionsprozeß und außerhalb des Produktionsprozesses; und der Unternehmergewinn fließt dem bloß fungierenden Kapitalisten zu, der Nichteigentümer des Kapitals ist". (61)

Dieses Umschlagen einer quantitativen Unterscheidung in eine qualitative, wird durch verschiedene Prozesse unterstützt. Unter anderem auch durch historische Dimensionen, insofern z.B. der Geldkapitalist mit verfügbarem zinstragenden Kapital historisch früher existent ist, als die kapitalistische Produktionsweise selbst.

Ich möchte hier die Analyse des 22. und 23. Kapitels des Kapital abbrechen und die m.E. entscheidenden Gesichtspunkte für die Ideologieproblematik im ‚Kapital' herausarbeiten.

Es sollte deutlich geworden sein, daß die Formen des Alltagsbewußtseins der Individuen, deren ‚falsche' ideologische Vorstellungen (hier die Vorstellung des Lohns der Arbeit, oder die qualitative Unterscheidung von Unternehmergewinn und Zins) nicht bloße Illusionen, im Sinne völlig irriger Vorstellungen der Individuen sind.

Ferner auch, daß diese Vorstellungen eben nicht nur ‚Reflexe' oder ‚Echos' einer außer ihnen liegenden Realität sind, nämlich den Existenzbedingungen selbst, sondern sehr eng mit der ***Praxis*** der Individuen zusammenhängen; die Vorstellungen entspringen also dem Verhältnis der Individuen zu ihren Existenzbedingungen.

Die Ideologie, verstanden als ein System von Massenvorstellungen, repräsentiert damit wesentlich das **praktische** – Althusser spricht vom ‚Gelebten' – **Verhältnis** der Individuen zu ihren Existenzbedingungen.

Die alltägliche Praxis der Individuen in bürgerlicher Gesellschaft (z.B. Lohn für eine bestimmte Arbeit zu erhalten) legt somit diese Vorstellungen nahe, die Individuen klären über diese Vorstellungen ihr Verhältnis zu ihren Existenzbedingungen, diese Vorstellungen ermöglichen es ihnen allererst, sich in komplexen Verhältnissen zurechtzufinden, zu handeln; d.h. das auf der Oberfläche der bürgerlichen Gesellschaft Praktizierte bringt diese Vorstellungen allererst hervor.

Ich will sagen, daß diese Vorstellungen nur ‚falsch' sein können, wenn man diesen ‚falschen' Vorstellungen die ‚richtigen' entgegensetzt, nämlich diejenigen, die die wissenschaftliche Analyse hervorbringt.

Vor diesem Hintergrund läßt sich auch ahnen, was Marx gemeint haben mag, als er von der Ideologie als ‚notwendig falschen Bewußtseins' sprach.

Die Notwendigkeit der spontanen Produktion der ‚falschen' Vorstellungen der Individuen besteht nämlich gerade darin, daß sie sich im gesellschaftlich-praktischen Handeln als ‚richtige' Vorstellungen erwiesen haben, die es den Individuen ermöglichen, sich in den Verhältnissen zurechtzufinden und – das sollte nicht vergessen werden – selbige zu beeinflussen.

Damit kann ebenfalls herausgestellt werden, daß diese Vorstellungen der Individuen, die **Massen**vorstellungen, einen wesentlichen Einfluß auf die Reproduktion der gesellschaftlichen Verhältnisse haben.

Sollten diese Bemerkungen an dieser Stelle als zu überzogen erscheinen, so ist doch unzweifelhaft festzustellen, daß der Prozeß der Hervorbringung der ideologischen Denkformen der Individuen, so wie Marx ihn in späteren Passagen des ‚Kapital' beschreibt, sehr eng mit der Praxis der Individuen zusammenhängt. (62)

„...; außer diesen Hinweisen auf einen organischen Zusammenhang zwischen ideologischen Denkformen und gesellschaftlicher Praxis der Menschen finden sich im ‚Kapital' allerdings keine weiteren Angaben, aus denen sich die gesellschaftliche Notwendigkeit der Verkennung der materiellen Realität theoretisch einsehen ließe." (63)

Schmidt gelangt zu der These, daß Ideologien in der allgemeinsten Form die Funktion erfüllen, die widersprüchlichen, antagonistischen und komplexen gesellschaftlichen Verhältnisse zu ‚vereinfachen'; d.h. die ideologischen Denkweisen tendieren dazu, sich für eine Seite des Widerspruchs zu entscheiden, aus der Differenz, Widersprüchlichkeit alle die Aspekte herauszulassen, die das Handeln der Individuen in Frage stellen.

Die bei Marx im ‚Kapital' vorzufindenden Äußerungen zur Ideologieproblematik können damit wohl eher als Umrisse oder Ansätze für eine materialistische Ideologietheorie angesehen werden, aber nicht als Theorie im strengen Sinne, die die Erkenntnisse der Funktionsweise und Struktur der Ideologie hervorbringt. In der allgemeinsten Form kann gesagt werden, daß Marx darauf hingewiesen hat, daß die Ideologie eng zusammenhängt mit der Praxis der Individuen, und daß sie determiniert wird durch die Produktionsverhältnisse bestimmter Gesellschaftsformationen, also nicht dem ideellen Himmel der Dichter, Denker oder Herrscher entsprungen ist.

Theoretisch zu erklären bliebe allerdings, wie die Beziehung der Individuen zu ihren Existenzbedingungen zu denken ist, wie ein ideologischer Effekt erklärt werden kann, wie dieser ‚versubjektiviert' wird, letztlich die Frage danach, in welchem Verhältnis die Ideologie zum Bewußtsein der Individuen steht und was eigentlich ‚Bewußtsein' meinen kann.

Ferner die Frage, welche Rolle Ideologien für den Zusammenhalt von Gesellschaften spielen, welche Funktion (auch ‚positive') sie übernehmen.

Gerade hier scheinen mir die Anknüpfungspunkte des Althusserschen Versuchs zu liegen, einen Beitrag zu liefern für eine Weiterentwicklung der marxistischen Ideologie‚theorie'. Dieser Versuch soll im folgenden relativ ausführlich dargestellt werden.

III. ALTHUSSERS THEORIE DER IDEOLOGIE

III.1 METHODISCHES PRINZIP: ZUR FRAGE DER REPRODUKTION GESELLSCHAFTLICHER VERHÄLTNISSE

Anknüpfend an die Ausführungen des französischen Philosophen und Mitglieds der KPF, Louis Althusser, soll es im folgenden um die Vorstellung des methodischen Prinzips und der theoretischen Grundlegung gehen, die Althusser als leitende vorschlägt. Karl Marx schreibt am 11. Juli 1868 in einem Brief an seinen in Deutschland lebenden Freund Ludwig Kugelmann:

> „Daß jede Nation verrecken würde, die, ich will nicht sagen für ein Jahr, sondern für ein paar Wochen die Arbeit einstellte, weiß jedes Kind." (64)

Marx spricht hier in aller Deutlichkeit aus, daß die Bedingung der Möglichkeit der Produktion einer Gesellschaft, deren ständige Reproduktion der Produktionsbedingungen ist.

Die entscheidende Frage lautet jetzt: Was muß sich alles reproduzieren, damit sich die herrschende Produktionsweise erhält;

Oder weitergehend gefragt: Wie läßt sich die Stabilität der hochentwickelten kapitalistischen Länder erklären? (65)

Ins Auge springend ist die Notwendigkeit, daß für die Produktion einer Gesellschaft die Reproduktion der materiellen Produktionsbedingungen, also der Produktionsmittel, unabdingbare Voraussetzung ist. So muß ein Betrieb dafür Sorge tragen, daß sich seine Rohstoffe, Maschinen usw. ‚reproduzieren', also die Mittel für die Produktion bereitstehen. Dies geschieht in einem globalen Rahmen und ist von Marx ausführlich im ‚Kapital' dargestellt worden.

Weitere unabdingbare Voraussetzung für die Reproduktion der Produktionsbedingungen ist die ständige Reproduktion der Produktivkräfte, also auch die Reproduktion der Arbeitskraft.

Die Reproduktion der Arbeitskraft realisiert sich unter kapitalistischen Produktionsverhältnissen weitgehend über den Lohn. Der Lohn garantiert die Wiederherstellung der Arbeitskraft, d.h. er trägt dafür Sorge, daß die Befriedigung historisch gewordener, der Bourgeoisie im Klassenkampf abgerungener Bedürfnisse sichergestellt werden kann.

Daß das Wort Klassenkampf angebracht ist, wird sofort deutlich, wenn man sich vergegenwärtigt, wie die Bourgeoisie vor allem im 19. Jahrhundert bemüht war, das Lohnniveau so weit zu drücken, daß selbst grundlegende Bedürfnisse auf seiten der Arbeiterklasse nicht befriedigt werden konnten.

Ein Blick in die sog. ‚Dritte Welt' mag veranschaulichen, daß selbst die Reproduktion der physischen Existenz der Ausgebeuteten sicherlich nicht dadurch gewährleistet wird, daß man auf die ‚Humanität' oder ‚Vernunft' der Ausbeuter setzt.

Als dritte unabdingbare Voraussetzung für die Reproduktion der Produktionsbedingungen wird in der marxistischen Tradition immer wieder angesehen, daß so etwas wie ein Staat mit seinen Apparaten und Institutionen vorhanden sein muß.

Der Staat wird übereinstimmend gefaßt (von Marx, Lenin und Mao Tse-Tung) als repressiver Apparat in Gestalt von Armee, Polizei, Gefängnis und Verwaltung, der es der herrschenden Klasse ermöglicht, mit Hilfe von Unterdrückung, Repression ihre Herrschaft über die von ihr Ausgebeuteten zu sichern.

Althusser schreibt:

> „In dieser Weise dargelegt, berührt die marxistisch leninistische Theorie des Staates das Wesentliche, und es kann keinen Augenblick ein Zweifel darüber bestehen, daß man sich bewußt sein muß, daß dies wirklich das Wesentliche ist." (66)

Zusammenfassend kann man sagen, daß die Reproduktion der Produktionsbedingungen gewährleistet wird durch die Reproduktion der Produktionsmittel, die Reproduktion der Arbeitskraft mit Hilfe des Lohns und durch den Staat, gefaßt als repressiver Apparat zur Unterdrückung der Ausgebeuteten.

III.2 ÜBER DIE BEDEUTUNG DER IDEOLOGIE BEI DER REPRODUKTION GESELLSCHAFTLICHER VERHÄLTNISSE

An dieser Stelle setzen Althussers Ausführungen an, indem er konstatiert, daß die Mechanismen, wie oben gefaßt, nicht ausreichen, die Stabilität dieses ‚hochstrukturierten Ganzen' zu erklären.

Für Althusser beruht die Reproduktion der Produktionsverhältnisse wesentlich auf der Produktion freiwilliger Unterwerfung mit Hilfe von Ideologie bzw. ideologischer Rituale. Er weist darauf hin, daß es z.B. für die Reproduktion der Arbeitskraft nicht genügt, deren materielle, physische Existenz zu reproduzieren, sondern auch dafür zu sorgen ist, daß diese Arbeitskraft ‚kompetent' sein muß, um im Produktionsprozeß eingesetzt werden zu können.

Es ist also notwendig, die Arbeitskraft je nach den „Erfordernissen der gesellschaftlich-technischen Arbeitsteilung" (67) zu qualifizieren. Im Gegensatz zum Feudalismus geschieht diese Qualifikation in der Regel außerhalb der Produktionsstätte, vornehmlich in der Schule.

> „Was aber lernt man in der Schule? Man gelangt mehr oder weniger weit in der Ausbildung, aber man lernt auf jeden Fall lesen, schreiben, rechnen – also einige Techniken sowie noch einige andere Dinge, u.a. Elemente (die rudimentär oder im Gegenteil grundlegend sein können) einer ‚wissenschaftlichen' oder ‚literarischen Kultur', die direkt verwendbar sind an den verschiedenen Stellen der Produktion (eine Ausbildung für die Arbeiter, eine andere für die Techniker, eine dritte für die Ingenieure und eine weitere für Manager usw.). Man lernt also gewisse ‚Fähigkeiten'. Daneben und auch gleichzeitig mit diesen Techniken und Kenntnissen lernt man auf der Schule die ‚Regeln' des guten Anstandes, d.h. des Verhaltens, das jeder Träger der

Arbeitsteilung einhalten muß, je nach dem Posten, den er einzunehmen ‚bestimmt' ist: Regeln der Moral, des staatsbürgerlichen und beruflichen Bewußtseins, was klarer ausgedrückt heißt: Regeln der Einhaltung der gesellschaftlich-technischen Arbeitsteilung und letztlich Regeln der durch die Klassenherrschaft etablierten Ordnung." (68)

Die Schule als ein Ort prägnanter Sozialisation gewährleistet somit die Qualifikation der Arbeitskraft und gleichzeitig die Produktion ihrer Unterwerfung unter die Regeln der etablierten Ordnung, oder wie Marx es gesagt hat, die Unterwerfung unter die ‚herrschende Ideologie'.

Man muß dies nach Althusser aber noch präzisieren und sagen, daß die Reproduktion der Qualifikation der Arbeitskraft in und unter den Formen der ideologischen Unterwerfung erfolgt; d.h. man muß die Formulierung ‚sowohl als auch' fallen lassen.

Um die am Anfang gestellte Frage, wie sich die Produktionsverhältnisse reproduzieren, vollständiger beantworten zu können, schlägt Althusser vor, einen Umweg zu machen und sich die alte Frage zu stellen: Was ist Gesellschaft?

Gesellschaft wird bei Althusser gedacht als ‚soziales Ganzes', wobei die Struktur jeder Gesellschaft gedacht wird als konstituiert durch

„die verschiedenen ‚Ebenen' und ‚Instanzen', die durch eine spezifische Determination einander zugeordnet (articules) sind: die ökonomische Basis (‚Einheit' der Produktivkräfte und der Produktionsverhältnisse) und der Überbau, der selbst zwei ‚Ebenen' oder ‚Instanzen' umfaßt: das Juristisch-Politische (das Recht und den Staat) und die Ideologie (die verschiedenen Ideologien: religiöse, moralische, juristische, politische Ideologien usw.)." (69)

Althusser verweist auf die besondere Metaphorik, die die Struktur der Gesellschaft denkt als ein Gebäude mit einer Basis, „über die sich die zwei ‚Etagen' des Überbaus" (70) erheben.

Die Metaphorik des Gebäudes hat den Vorteil zu erkennen, daß der Überbau sich ohne die Basis nicht halten kann, metaphorisch gesprochen: das Gebäude würde zusammenstürzen.

Ferner ist es möglich zu denken, daß der Überbau ‚in letzter Instanz' determiniert ist durch die Basis. (71)

So schreibt Friedrich Engels am 21.9.1890 an Josef Bloch:

„Ad II qualifiziere ich Ihren ersten Hauptsatz so: Nach materialistischer Geschichtsauffassung ist das in *letzter Instanz* bestimmte Moment in der Geschichte die Produktion und Reproduktion des wirklichen Lebens. Mehr hat weder Marx noch ich je behauptet. Wenn nun jemand das dahin verdreht, das ökonomische Moment sei das *einzig* bestimmende, so verwandelt er jenen Satz in eine nichtssagende, abstrakte, absurde Phrase. Die ökonomische Lage ist die Basis, aber die verschiedenen Momente des Überbaus – politische Formen des Klassenkampfes und seine Resultate – Verfassungen, nach gewonnener Schlacht durch die siegende Klasse festgestellt usw. – Rechtsformen, und nun gar die Reflexe aller dieser wirklichen Kämpfe im Gehirn der Beteiligten, politische, juristische, philosophische Theorien, religiöse Anschauungen und deren Weiterentwicklung zu Dogmensystemen, üben auch ihre Einwirkungen auf den Verlauf der geschichtlichen Kämpfe aus und bestimmen in vielen Fällen vorwiegend deren *Form*. Es ist eine Wechselwirkung all dieser Momente, worin schließlich durch alle die unendliche Menge von Zufälligkeiten (d.h. ...) als Notwendiges die ökonomische Bewegung sich durchsetzt. Sonst wäre die Anwendung der Theorie auf eine beliebige Geschichtsperiode ja leichter als die Lösung einer einfachen Gleichung ersten Grades." (72)

Der Hinweis Engels, daß der Überbau in ‚letzter Instanz' determiniert ist durch die Basis, scheint mit entscheidend zu sein, insofern er erlaubt, folgendes zu denken:

a) Der Überbau mit seinen Instanzen ist relativ autonom.
b) Der Überbau wirkt auf die Basis zurück.

Somit erlaubt die Metaphorik des Gebäudes darüber nachzudenken, wie Überbauphänomene auf die Basis wirken und umgekehrt.

Welche Folgen es haben kann, den entscheidenden Hinweis Engels nicht zu beachten, wird auch in einigen erziehungswissenschaftlichen Theorieproduktionen oder besser Ideologien deutlich. Diese Produktionen versuchen zum einen, Bewußtseinsformen direkt, monokausal aus ökonomischen Bedingungen abzuleiten, während das andere Extrem sich der Gestalt äußert, Bewußtseinsformen im Wesen des Menschen zu suchen oder aus einer sich selbst verwirklichenden Vernunft zu erklären.

Es wurde bereits im vorhergehenden darauf hingewiesen, daß für die Reproduktion der Produktionsbedingungen nach Verlassen der einfachen urgesellschaftlichen Produktionsweisen, ein Staat, gefaßt vor allem als repressiver Staatsapparat, vorhanden sein muß.

Es ist an dieser Stelle notwendig, darauf zu verweisen, daß alle marxistischen Theoretiker folgende Unterscheidung getroffen haben: nämlich die *Staatsmacht* vom *Staatsapparat* zu unterscheiden. So können sich im Verlauf einer gesellschaftlichen Umwälzung die Träger der Staatsmacht ändern, ohne daß sich der Staatsapparat verändern muß.

Ziel des Klassenkampfes sei es, die Staatsmacht zu erringen, um, wie Lenin es in ‚Staat und Revolution' gesagt hat, die gesellschaftlichen Verkehrsformen so zu organisieren, daß der Staat abstirbt.

III.2.1 DER REPRESSIVE UND IDEOLOGISCHE STAATSAPPARAT

Althusser schlägt nun vor, neben der Unterscheidung von Staatsmacht und Staatsapparat noch folgende Unterscheidung auf der Seite des Staatsapparates zu treffen. Ihn nämlich zu scheiden in einen *repressiven Staatsapparat (RSA)* und einen *ideologischen Staatsapparat (ISA).* (73)

Das was den RSA ausmacht, formuliert Lenin auf markante Weise:

> „Diese öffentliche Gewalt besteht in jedem Staat; sie besteht nicht nur aus bewaffneten Menschen, sondern auch aus sachlichen Anhängseln, Gefängnissen und Zwangsanstalten aller Art, von denen die Gentilgesellschaft nichts wußte." (74)

Der RSA besteht also aus Regierung, Verwaltung, Armee, Polizei, Gerichten und Zwangsanstalten. Er funktioniert im wesentlichen auf der Grundlage der Gewalt, Repression, worunter auch administrative Maßnahmen fallen. Ein sehr wesentliches Merkmal des RSA ist seine hierarchische Strukturierung.

Das was Althusser den ISA zu nenen vorschlägt, führt er in einer empirischen Liste auf, die eben, weil sie eine empirische Liste ist, verändert, erprobt und berichtigt werden kann und muß. Die Reihenfolge der genannten ISAs deutet nicht auf eine Gewichtung hin.
Als ISA faßt Althusser:

„– der religiöse ISA:	(das System der verschiedenen Kirchen)
– der schulische ISA:	(das System der verschiedenen öffentlichen und privaten Bildungsinstitutionen)
– der familiäre ISA	
– der juristische ISA:	(das politische System, zu dem u.a. die verschiedenen Parteien gehören)
– der ‚gewerkschaftliche' ISA (75)	
– der ISA der Information:	(Presse, Radio, Fernsehen usw.)
– der kulturelle ISA:	(Literatur, Kunst, Sport usw.)." (76)

Der Unterschied von ISA und RSA ist folgender: Während der RSA in erster Linie auf Grundlage der Repression arbeitet, funktioniert der ISA in erster Linie auf der Grundlage der Ideologie. Es ist Wert zu legen auf die Formulierung ‚in erster Linie', da es keinen Apparat gibt, der nur auf der Grundlage der Ideologie oder Repression arbeitet. (77)

Es ist mit Althussers Formulierung allerdings denkbar geworden, daß zwischen RSA und ISA recht subtile Verbindungen bestehen können. Die Liste der ISAs wirft aber noch ein Problem auf. Es handelt sich um sehr verschiedene Institutionen, die doch als relative Einheit unter dem Begriff ISA gefaßt werden.

Es wäre die Frage, was das Moment ist, das die relative Einheit der heterogenen ISAs bildet. Im vorhergehenden wurde gesagt, daß die ISAs in erster Linie auf der Grundlage der Ideologie funktionieren; d.h. es muß so etwas wie eine herrschende Ideologie geben.

Wenn es richtig ist, daß die herrschende Klasse die Staatsmacht vermittels der RSA durch Dekrete, Gesetze und Gewalt durchsetzt, dann ist es einleuchtend, daß dieselbe herrschende Klasse versucht, ihre Ideologie, die Herrschende, in den ISAs durchzusetzen.
Althusser formuliert:

> „Unseres Wissens kann keine herrschende Klasse dauerhaft die Staatsmacht innehaben, ohne gleichzeitig ihre Hegemonie über und in den ideologischen Staatsapparaten auszuüben." (78)

Und weiter:

> „Vermittels der herrschenden Ideologie wird die (manchmal knarrende) ‚Harmonie' zwischen dem RSA und den ISAs und zwischen den ISAs selbst geschaffen." (79)

Wie verzweifelt oft innerhalb solcher ISAs gegen die herrschende Ideologie gekämpft wird, ohne daß man sich jemals sicher sein kann, ihr nicht doch aufzusitzen, wird vor allem in schulischen ISAs z.B. der Universität besonders deutlich.

Es herrscht also ein ständiger Kampf um die, wie Gramsci sagen würde, ‚Hegemonie' in den Staatsapparaten.

Auf die zentrale Frage, wie sich die Produktionsverhältnisse reproduzieren, läßt sich jetzt grob eine Antwort geben.

Zunächst – und darauf wurde bereits hingewiesen – müssen sich die Produktionsverhältnisse auf der Ebene der Produktion selbst und des Zirkulationsprozesses reproduzieren. Aber eng damit verbunden, metaphorisch gesprochen, Hand in Hand gehend, reproduzieren sich die Produktionsverhältnisse zu einem wesentlichen Teil im sog. Überbau. Also durch die Ausübung der Staatsmacht in den Staatsapparaten, sowohl den RSAs als auch den ISAs.

> „Die Rolle des repressiven Staatsapparates besteht vor allem darin, als repressiver Apparat mit (physischer und nichtphysischer) Gewalt die politischen Bedingungen der Reproduktion der Produktionsverhältnisse zu sichern, welche letzten Endes *Ausbeutungsverhältnisse* sind. Der Staatsapparat trägt nicht nur zu einem großen Teil dazu bei, sich selbst zu reproduzieren (es existieren im kapitalistischen Staat Dynastien von Politikern, militärische Dynastien usw.), sondern auch und vor allem schafft der Staatsapparat durch die Repression (von der brutalsten physischen Gewalt bis zu einfachen administrativen Anordnungen oder Verboten, zur offenen oder versteckten Zensur usw.) die politischen Bedingungen für die Arbeit der Ideologischen Staatsapparate." (80)

III.2.2 DIE IDEOLOGIE

Es war im vorangegangenen die Rede von einem Gegenstand, auf den noch näher einzugehen ist. Es handelt sich um die Ideologie.

Althusser weist darauf hin, daß die Ideologien (verstanden als ein System von Massenvorstellungen) determiniert sind, und zwar in letzter Instanz, durch die Produktionsverhältnisse bestimmter Gesellschaftsformationen. Was heißen soll, daß die Ideologien eine Geschichte haben,

> „deren Determination in letzter Instanz sich natürlich außerhalb der bloßen Ideologien befindet, obwohl sie sie betrifft". (81)

Althusser formuliert nun das Projekt der Erstellung einer Theorie der Ideologie im allgemeinen, oder besser: Umrisse einer Theorie der Ideologie im allgemeinen.

> „Wenn ich demgegenüber das Projekt einer Theorie der Ideologie im allgemeinen formulieren kann und wenn diese Theorie tatsächlich eines der Elemente ist, von denen die Theorien der Ideologien abhängen, so impliziert dies eine scheinbar paradox anmutende Behauptung, die ich folgendermaßen formulieren möchte: Die Ideologie hat keine Geschichte." (82)

Die Formulierung, daß die Ideologie keine Geschichte hat, ist direkt der ‚Deutschen Ideologie' von Marx entnommen:

> „Die Moral, Religion, Metaphysik und sonstige Ideologie und die ihnen entsprechenden Bewußtseinsformen behalten hiermit nicht länger den Schein der Selbständigkeit. Sie haben keine Geschichte, sie haben keine Entwicklung ..." (83)

In der ‚Deutschen Ideologie' wird Ideologie durch Althusser beschrieben als ‚Nebelbildung des Gehirns', als Verkehrung der realen Verhältnisse oder, wie Althusser formuliert, als purer Traum, als imaginäre Konstruktion, wobei unter Traum eine willkürliche Zusammensetzung ungeordneter Tagreste verstanden wird. Ganz im vorfreudschen Sinne. (84) Denn spätestens seit der

Herausgabe der ‚Traumdeutung' von Freud im Jahre 1900 muß diese Vorstellung des Traums als endgültig revidiert werden.

Der Ideologiebegriff bei Marx in der ‚Deutschen Ideologie' besagt also folgendes:

1. „Die Ideologie ist nichts als ein purer Traum (der durch eine unbekannte Macht, wenn nicht gar durch die Entfremdung der Arbeitsteilung erzeugt wird – aber auch dies ist wiederum eine *negative* Bestimmung)." (85)
2. Die Ideologie hat keine Geschichte, besser: keine eigene Geschichte, weil ihre Geschichte außerhalb ihrer selbst liegt, also lediglich schwacher, verkehrter, leerer Reflex der realen Geschichte ist.

Demgegenüber formuliert Althusser:

> „Daß die Ideologien eine eigene Geschichte haben (auch wenn diese in letzter Instanz durch den Klassenkampf determiniert ist), und andererseits glaube ich, gleichzeitig sagen zu können, daß die Ideologie im allgemeinen keine Geschichte hat; und zwar nicht in einem negativen Sinne (daß ihre Geschichte außerhalb ihrer selbst läge), sondern in einem absolut positiven Sinne. Dieser Sinn ist positiv, wenn es zutrifft, daß die Eigenart der Ideologie darin besteht, daß sie eine Struktur und eine Funktionsweise hat, die sie zu einer nicht-historischen, d.h. omnihistorischen Realität machen, insofern diese Struktur und Funktionsweise in derselben Form in der sog. gesamten Geschichte – Geschichte hier im Sinne des ‚Manifest' als Geschichte von Klassenkämpfen, d.h. als Geschichte von Klassengesellschaften verstanden – präsent sind." (86)

Althusser fährt fort, daß die Behauptung, die Ideologie im allgemeinen habe keine Geschichte, unmittelbar mit der Freudschen Behauptung in Verbindung steht, nach der das Unbewußte ewig ist, wobei

> „diese Bezugnahme keineswegs willkürlich, sondern im Gegenteil theoretisch *notwendig* ist, denn zwischen beiden Aussagen besteht ein innerer Zusammenhang",

gipfelnd in der Aussage:

> „Die Ideologie ist ewig, ebenso wie das Unbewußte ewig ist." (87)

Hier genau liegt auch die Problematik (auf die hier allerdings nur hingewiesen kann), die den Gegenstand der späteren Ausführungen bilden soll.

Wie ist das Verhältnis von Marxismus und Psychoanalyse zu denken, was für einen Begriff von Bewußtsein verwendet Althusser, letztlich wie ist der Prozeß der Subjektkonstitution zu denken und in welchem Maße trägt dieser Prozeß zum Verständnis der Struktur und Funktionsweise der Ideologie bei. Kurz: Der Leser wird sich an dieser Stelle mit diesen allerdings spärlichen Hinweisen begnügen müssen.

Es wäre nun in diesem Zusammenhang tatsächlich die Frage, ob und wie sich die Struktur und Funktionsweise der Ideologie ausnimmt, wenn sie in klassenlosen Gesellschaften existent ist.

Althusser dazu:

> „Wenn die Geschichte auch in einer sozialistischen Gesellschaft, wie Marx gesagt hat, eine unendliche Veränderung der Existenzbedingungen der Menschen ist, dann müssen die Menschen ununterbrochen verändert werden, um sich diesen Bedingungen anzupassen; wenn diese ‚Anpassung' nicht der Spontaneität überlassen werden kann, sondern ständig angenommen, beherrscht und kontrolliert werden muß, dann drückt sich diese Forderung in der Ideologie aus, dann mißt sich der Abstand in ihr, wird

dieser Widerspruch in ihr gelebt und seine Auflösung in ihr ‚bewirkt'. In der Ideologie *lebt* die klassenlose Gesellschaft die Nichtentsprechung-Entsprechung ihres Verhältnisses zur Welt, in ihr und durch sie verändert sie das ‚Bewußtsein' der Menschen, ..." (88)

Im Gegensatz zu Klassengesellschaften ist die Ideologie nach Althusser, in klassenlosen Gesellschaften,

„... das Vehikel, durch welches, und das Element, in welchem das Verhältnis der Menschen zu ihren Existenzbedingungen sich zum Nutzen aller Menschen lebt". (89)

Diese Aussagen reichen natürlich nicht aus, um die These Althussers theoretisch abzusichern, daß die Ideologie ewig sei, sie also zu einer omnihistorischen Realität macht, zumal an dieser Stelle z.B. noch nicht theoretisch einsichtig ist, in welcher Beziehung die Struktur und Funktionsweise des Unbewußten in der Ideologie steht.

Die These Althussers ist z.B. vom ‚Projekt Ideologietheorie' heftig attakkiert worden. (90) Ich kann allerdings der Argumentation des Projekts nicht folgen, da es m.E. einen Gegensatz konstruiert, gegen den Althusser in seinen Arbeiten immer wieder angeschrieben hat. Es ist der Gegensatz zwischen Individuum und Gesellschaft. So beginnt denn auch die Kritik des Projekts – leider nicht näher ausgeführt – mit der Behauptung, daß Althussers Ausgangspunkt für die These von der Ewigkeit der Ideologie eben dieser Gegensatz sei.

Das ‚Projekt Ideologietheorie' argumentiert weiter, daß mit Althusser so etwas wie Realitätskontrolle nicht mehr zu denken sei und sich somit für sie die Alternative auftut: ‚Ewige Unterwerfung versus kommunistische Perspektive', wobei sie sich selbst auf der Seite der Position der kommunistischen Perspektive sehen.

Daß Althusser sehr wohl den Individuen die Veränderung der Welt zutraut, damit auch Realitätskontrolle und Perspektivenentwicklung, soll folgendes Zitat belegen:

„Was meint man, wenn man gleichwohl sagt, daß die Ideologie das ‚Bewußtsein' der Menschen betrifft? Zunächst, daß man die Ideologie von anderen sozialen Instanzen unterscheidet, aber auch, daß die Menschen ihre Handlungen, die die klassische Tradition üblicherweise der Freiheit und dem ‚Bewußtsein' zuschreibt, in der Ideologie, *über und durch die Ideologie leben;* kurz, daß das ‚gelebte' Verhältnis der Menschen zur Welt, einschließlich das zur Geschichte (in der politischen Handlung oder Untätigkeit), über die Ideologie geht, besser noch, *die Ideologie selbst ist*. In diesem Sinne sagte Marx, daß die Menschen sich ihres Platzes in der Welt und in der Geschichte in der Ideologie (als Ort der politischen Kämpfe) *bewußt werden:* im Schoß dieser ideologischen Unbewußtheit gelingt es den Menschen, ihre ‚gelebten' Verhältnisse zur Welt zu verändern und jene neue Form spezifischer Unbewußtheit zu erlangen, die man ‚Bewußtsein' nennt." (91)

Ich würde konstatieren, daß es hier nicht um die Alternative ‚Unterwerfung versus Perspektive' geht, sondern, daß hier zwei völlig verschiedene Bewußtseinskonzeptionen zur Diskussion stehen.

Das ‚Projekt Ideologietheorie' scheint davon auszugehen, daß sich die Individuen einmal voll bewußt werden können, z.B. wenn der ideologische Schleier verschwunden ist, während sich Althussers Bewußtseinskonzeption sehr stark an den psychoanalytischen Begriff von Bewußtsein anzulehnen scheint, der Bewußtsein denkt als Effekt, Sekundäreffekt einer vorgängigen Struktur, der Struktur des Unbewußten.

An dieser Stelle möchte ich allerdings nicht weiter auf die Diskussion über die These Althussers von der Ewigkeit der Ideologie eingehen, und zu der entscheidenden Frage kommen:

Wie denkt Althusser die Struktur und Funktionsweise der Ideologie?
Um der Beantwortung dieser Frage näher zu kommen, schlägt Althusser zwei Thesen vor:

III.3 DIE IDEOLOGIE REPRÄSENTIERT DAS IMAGINÄRE VERHÄLTNIS DER INDIVIDUEN ZU IHREN REALEN EXISTENZBEDINGUNGEN

Herkömmliche ideologietheoretische Untersuchungen haben sich darauf beschränkt, z.B. bei der Untersuchung des Problems, daß die Menschen an Gott glauben oder ähnliches, zu konstatieren, daß diese Vorstellungen nichts mit der Wirklichkeit gemein haben, also imaginär sind. Von dieser Konstatierung und von der Prämisse ausgehend, daß diese Vorstellung doch irgendwie eine Anspielung auf die Wirklichkeit darstellen (Allusion), ging es darum, diese Konfigurationen zu interpretieren, um hinter ihren imaginären Vorstellungen die wirkliche Welt zu erblicken. Es ging also, etwas zugespitzt, um das Problem ‚richtiges oder falsches Bewußtsein'. Die Ideologie befand sich auf der Seite des ‚falschen Bewußtseins', eben weil sie nicht der Realität entsprach.

Die entscheidende Frage wäre doch jetzt, wieso eigentlich brauchen die Menschen diese imaginäre Vorstellung von ihren realen Existenzbedingungen und wie kommen sie zu dieser imaginären Vorstellung?

Die Antwort, oder Feststellung, daß in der Ideologie die Menschen sich in einer imaginären Form ihre realen Existenzbedingungen vorstellen, läßt dieses Problem vollkommen ungelöst. Doch es gibt einige Erklärungsansätze:

Ein Ansatz geht in die Richtung, daß irgendwelche Despoten, Priester oder die Herrschenden wundersame Lügen erfinden, sich ein Weltbild nach ihren Vorstellungen zurechtlegen, um die Volksmassen zu täuschen, ihre Phantasie zu beherrschen, um so deren Ausbeutung zu gewährleisten.

Ein anderer ernstzunehmender Ansatz, der aber ebenfalls problematisch ist, geht in eine andere Richtung.

Hier sind nicht die Lügen der Priester oder der Herrschenden Schuld an der Verzerrung oder imaginären Transposition der realen Existenzbedingungen, sondern es ist die in den Existenzbedingungen der Menschen selbst herrschende materielle Entfremdung.
In den ‚Ökonomisch-Philosophischen Manuskripten' oder in der Judenfrage' nimmt Marx die Idee auf (von Feuerbach), daß die Menschen sich eine entfremdete Vorstellung von ihren Existenzbedingungen machen, weil diese

selbst entfremdet sind. Für den Marx der ‚Manuskripte' ist es die entfremdete Arbeit, die das Wesen der entfremdeten Gesellschaft beherrscht.

Diesen Erklärungsansätzen liegt folgendes zugrunde: nämlich daß das, was sich in der Ideologie als imaginäre Vorstellung der Welt wiederspiegelt, in den realen Existenzbedingungen selbst liegt, also in der realen Welt.

Somit wird Ideologie gedacht als bloßer Reflex einer außer ihr liegenden Realität. Daraus folgt konsequenterweise: Sind die realen Verhältnisse nicht mehr entfremdet, so müßte eigentlich die Ideologie verschwinden.

Dazu Althusser:

> „An dieser Stelle greife ich nun eine These auf, die ich bereits früher einmal aufgestellt habe: (92)
> Es sind nicht die realen Existenzbedingungen, ihre reale Welt, die sich ‚die Menschen' in der Ideologie ‚vorstellen', sondern es ist vor allem ihr Verhältnis zu diesen Existenzbedingungen, das in der Ideologie vorgestellt wird. Dieses Verhältnis steht im Zentrum der ideologischen und folglich imaginären Vorstellung der realen Welt. In diesem Verhältnis ist die ‚Ursche' der imaginären Vorstellung der realen Welt durch die ideologische Vorstellung zu suchen. Oder – um die Sprache der Ursache einmal beiseite zu lassen – man muß vielmehr die These aufstellen, daß es der *imaginäre Charakter dieses Verhältnisses ist*, der die gesamte imaginäre Verzerrung bestimmt, die man in jeder Ideologie beobachten kann (wenn man nicht in ihrer Wahrheit lebt).
> Marxistisch gesprochen: Wenn es wahr ist, daß die Vorstellung von den realen Existenzbedingungen der Individuen, die als Agenten der Produktion, der Ausbeutung, der Repression, der Ideologisierung und der wissenschaftlichen Praxis fungieren, in letzter Instanz von den Produktionsverhältnissen und den daraus abgeleiteten Verhältnissen abhängt, so können wir folgendes sagen: Jede Ideologie repräsentiert in ihrer *notwendig imaginären Verzerrung* nicht die bestehenden Produktionsverhältnisse (und die anderen daraus abgeleiteten Verhältnisse), sondern vor allem das (imaginäre) Verhältnis der Individuen zu den Produktionsverhältnissen und den daraus abgeleiteten Verhältnissen. In der Ideologie ist also nicht das System der realen Verhältnisse, die die Existenz der Individuen beherrschen, repräsentiert, sondern das imaginäre Verhältnis dieser Individuen zu den realen Verhältnissen, unter denen sie leben." (93)

Die Frage wäre jetzt, warum eigentlich ist dieses Verhältnis notwendig imaginär? Darauf wird späterhin eingegangen. Entscheidend ist an dieser Stelle, festzuhalten, daß der Begriff des **Verhältnisses** von entscheidender Bedeutung ist.

Die Ideologie trägt dafür Sorge, daß die Individuen ihr Verhältnis zu ihren Existenzbedingungen klären, es ‚leben' können.

> „Die Ideologie durchtränkt all sein (des Individuums; U.R.) Tun, eingeschlossen seine wirtschaftliche und politische Praxis. Sie ist gegenwärtig in seiner Haltung gegenüber der Arbeit, gegenüber den Trägern der Produktion, gegenüber den Zwängen der Produktion.
> Sie ist gegenwärtig in politischen Haltungen und Urteilen, in Zynismus und reinem Gewissen, in Resignation und Revolte usw. Sie bestimmt das Verhalten der Individuen in der Familie und anderen Menschen gegenüber, ihre Haltung zur Natur, ihr Urteil über den ‚Sinn des Lebens' im allgemeinen, ihre verschiedene Glaubenszugehörigkeit." (94)

Daraus folgt, daß in diesem gelebten Verhältnis so etwas existent ist, was man als ‚ideologischen Klassenkampf' bezeichnen könnte, als Kämpfe innerhalb der Ideologie.

III.3.1 DIE IDEOLOGIE HAT EINE MATERIELLE EXISTENZ

Bei der Einführungdes Gegenstandes ISA wurde gesagt, daß er vornehmlich auf der Grundlage der Ideologie funktioniert, was heißen soll, daß sich die Ideologie in einem ISA realisiert, wobei die Einheit der verschiedenen Ideologien durch die Subsumption unter die herrschende Ideologie gewährleistet ist.

> „Eine Ideologie existiert immer in einem Apparat und dessen Praxis oder dessen Praxen. Diese Existenz ist materiell." (95)

Was spielt sich nun in einem Individuum ab, das z.B. an Gott glaubt?

Idealistische Theorien würden ungefähr folgendermaßen antworten: Der Glaube hängt vom Individuum, dem Subjekt selbst ab, da es ausgestattet ist mit einem Bewußtsein, das ihm die freie Entscheidung ermöglicht, zu glauben oder nicht; also an Ritualen teilzunehmen oder es zu lassen.

Das ‚Subjekt' geht also in die Kirche, betet usw., weil es glaubt. Diese Vorstellung ist insofern zutiefst ideologisch, als sie davon ausgeht, daß es ein Subjekt gibt, das seine Ideen an die es glaubt, frei im Bewußtsein bildet und auswählt, um sich dann völlig natürlich dementsprechend zu verhalten. Wenn es nicht nach seinen Ideen handelt, ist es inkonsequent oder zynisch usw.

Entscheidend ist, daß auch diese ideologische Vorstellung der Ideologie folgendes anerkannt hat; nämlich, daß die Ideen der Subjekte in seinen Handlungen existieren.

Althusser kehrt dieses Verhältnis um. Umkehren heißt nicht umdrehen, weil aus dem Umdrehen das immer Gleiche hervortreten wird, nur umgedreht, sondern führt auch andere Begrifflichkeiten ein, die zur Folge haben, daß die Problematik auf ein anderes ‚Terrain' verlagert wird.

> „Wir werden von Handlungen sprechen, die in Praxen eingegliedert sind. Und wir werden bemerken, daß diese Praxen durch Rituale, in die sie sich einschreiben, innerhalb der materiellen Existenz eines ISA geregelt werden." (96)

Dies heißt in bezug auf den Glauben an Gott: das ‚Subjekt' glaubt nicht an Gott und vollzieht damit bestimmte Handlungen, wie in die Kirche gehen, beten usw., weil es vorgängig glaubt und dann handelt, sondern es glaubt, weil es an bestimmten Praxen innerhalb eines ISA handelt. Mit Pascal gesprochen: ‚Knie nieder, bewege deine Lippen zum Gebet und du wirst glauben'.

> „In bezug auf ein Subjekt (ein beliebiges Individuum) werden wir also sagen, daß die Existenz der Ideen seines Glauben materiell ist, insofern seine Ideen seine materiellen Handlungen sind, die in materielle Praxen eingegliedert und durch materielle Rituale geregelt sind, die ihrerseits durch den materiellen ideologischen Apparat definiert werden, dem die Ideen dieses Subjekts entstammen." (97)

Das Subjekt handelt also nur, indem es durch folgendes System bewegt wird:

> „... eine Ideologie, die innerhalb eines materiellen ISA existiert, materielle Praxen vorschreibt, die durch materielle Rituale geregelt werden, wobei diese Praxen wieder-

> um in den materiellen Handlungen eines Subjekts existieren, das mit vollem Bewußtsein seinem Glauben entsprechend handelt." (98)

Damit ist der Gegenstand ideologiekritischer Untersuchungen verschoben, insofern es nicht mehr um ‚richtiges' oder ‚falsches' Bewußtsein geht, sondern um die Entstehung und Wirkungsweise ideologischer Praxen und Riten sowie deren Umsetzung in konkrete Handlungen und Gedanken der Individuen.
Ich komme nun auf die zentrale These Althussers:

III.4 DIE IDEOLOGIE RUFT DIE INDIVIDUEN ALS SUBJEKTE AN

Der zentrale Begriff in Althussers Ideologietheorie ist der Begriff des Subjekts. Es muß ausdrücklich darauf verwiesen werden, daß Althusser den Begriff des Subjekts doppeldeutig benutzt.

a) Die geläufige Bedeutung meint eine freie Subjektivität, ein Zentrum der Initiative, das Urheber und Verantwortlicher seiner Handlungen ist.
b) Ein unterworfenes Wesen, das einer übergeordneten Autorität unterworfen ist und daher keine andere Freiheit hat, als die freiwillige Anerkennung seiner Unterwerfung. (99)

Die Ideologie konstituiert Individuen zu ‚Subjekten', die in der Form der Freiwilligkeit und Autonomie ihre Unterwerfung anerkennen.

Wie aber ist dieser Prozeß zu denken?

Um diese Frage beantworten zu können, ist es notwendig, auf ein Problem einzugehen, das nicht ohne Bedeutung ist.

Wenn späterhin der Prozeß der Konstituierung eines Individuums in ein ‚Subjekt' beschrieben wird, erscheint dieser Prozeß als eine zeitliche Abfolge, als eine Prozessualität im Sinne eines Nacheinander. Dieses Nacheinander ist insofern irreführend, als die Individuen nicht erst in diesem Prozeß zu ‚Subjekten' transformiert werden, sondern immer schon sind.

Man müßte also sagen, daß sich die ‚Subjekte' immer wieder, immer wieder neu als ‚Subjekte' erkennen, anerkennen oder wiedererkennen.

> „Daß ein Individuum immer – schon, selbst vor der Geburt ein Subjekt ist, ist nichts weiter als die einfache für jedermann überprüfbare Wirklichkeit und keineswegs paradox." (100)

Wenn man bedenkt, mit welchen ideologisch-familiären Ritualen die Geburt eines Kindes einhergeht, wird deutlich, daß wir immer schon ‚Subjekt' sind. Das Kind hat in der Regel bereits vor der Geburt einen Vornamen, den Nachnamen übernimmt das Kind in der Regel vom Vater und wird damit unverwechselbar.

Oder man konstituiert bereits bei der Geburt ein Mädchen-Subjekt oder ein Jungen-Subjekt durch unterschiedliche Behandlung, durch die Wahl der Kleider usw., was in patriarchalisch strukturierten Gesellschaften für das Mädchen-Subjekt in der Regel verheerende Folgen nach sich zieht.

Doch ich möchte zur Ausgangsfrage zurückkehren, nämlich wie der Prozeß der Konstituierung des Subjekts im Individuum zu denken ist.

Zentral für das Verständnis dieses Prozesses sind die Begriffe *,Anrufung'*, *,Wiedererkennung'*, *,Erkennen'* und *,Verkennen'*. Denn in der Ideologie erkennen wir uns ständig wieder an als Subjekte mit Hilfe der Anrufung.

> „Um ein äußerst ‚konkretes' Beispiel zu nehmen: Wir alle haben Freunde, die, wenn sie bei uns anklopfen und wir durch die geschlossene Tür hindurch fragen: ‚Wer ist da?', antworten (denn das ist evident): ‚Ich bin's!'. Und wir erkennen in der Tat wieder, daß ‚sie es ist' oder ‚er es ist'. Wir öffnen die Tür und sehen, ‚sie ist es wirklich'.
>
> Um ein anderes Beispiel zu nehmen: Wenn wir jemanden aus unserer ‚Bekanntschaft' auf der Straße wiedererkennen, geben wir ihm ein Zeichen, daß wir ihn wiedererkannt haben (und daß wir wiedererkannt haben, daß er uns wiedererkannt hat) indem wir sagen: ‚Guten Tag, mein Lieber!' und ihm die Hand schütteln (die zumindest in Frankreich übliche materielle ritelle Praxis der ideologischen Wiedererkennung im Alltag; in anderen Ländern herrschen andere Rituale)." (101)

Die Vorbemerkung mit eingeschlossen, nämlich daß wir immer schon Subjekte sind, zeigt, daß wir ständig Wiedererkennungsrituale praktizieren, die uns garantieren, daß wir in der Tat konkrete, individuelle und unverwechselbare Subjekte sind.

Übrigens läuft dieser Mechanismus auch beim Lesen eines theoretischen Textes ab – z.B. beim Lesen dieser Zeilen – der unter diesem Gesichtspunkt ebenfalls ein Ritual der Wiedererkennung ist, einschließlich der ‚spontanen' Zustimmung oder Ablehnung dieser Zeilen.

Der Prozeß der Wiedererkennung erfolgt über die sog. Anrufung. Was ist darunter zu verstehen?

> „Wir behaupten außerdem, daß die Ideologie in einer Weise ‚handelt' oder ‚funktioniert', daß sie durch einen ganz bestimmten Vorgang, den wir *Anrufung* (Interpellation) nennen, aus der Masse der Individuen Subjekte ‚rekrutiert' (sie rekrutiert sie alle) oder diese Individuen in Subjekte ‚transformiert' (sie transformiert sie alle). Man kann sich diese Anrufung nch dem Muster der einfachen und alltäglichen Anrufung durch einen Polizisten vorstellen: ‚he, Sie da!'" (102)

Durch dieses ‚He, Sie da!', angenommen die Szene spiele sich auf der Straße ab, wendet sich der Angerufene um und wird dadurch zum Subjekt, weil er anerkannt hat, daß genau er gemeint war oder ist. Dabei sollte man das vorher angesprochene Problem der Darstellung eines zeitlichen Nacheinanders nicht außer acht lassen. In Wirklichkeit gehen die Dinge ohne jede zeitliche Abfolge vor sich. Die Existenz der Ideologie und die Anrufung der Individuen als Subjekte ist ein und dasselbe.

> „Wir können hinzufügen: Das, was sich somit scheinbar außerhalb der Ideologie abspielt (genauer: auf der Straße), spielt sich in Wirklichkeit in der Ideologie ab. Was sich in Wirklichkeit innerhalb der Ideologie abspielt, scheint sich also außerhalb ihrer abzuspielen. Eben deshalb glauben sich diejenigen, die sich innerhalb der Ideologie befinden, per definitionem außerhalb der Ideologie. Wir haben es hier mit einem Effekt der Ideologie zu tun, dem der praktischen Verneinung des ideologischen Charakters der Ideologie durch die Ideologie. Die Ideologie sagt nie: Ich bin ideologisch." (103)

Wie nun spiegeln sich die Akteure der Inszenierung der Anrufung in der Struktur einer Ideologie wieder?

Althusser verwendet hier das Beispiel der christlichen Religion.

Die Individuen werden angerufen von Gott. Die Bedingung der Möglichkeit der Anrufung ist somit ein absolut anderes, ein absolutes Subjekt; in der christlichen Religion, Gott. (Dieses absolute Subjekt soll im folgenden zur besseren Durchsichtigkeit SUBJEKT, also groß geschrieben werden.) Das SUBJEKT (Gott) definiert sich selbst, ‚Ich bin der, der ich bin' und ruft die Individuen als Subjekte an.

So etwa Moses, der in etwa sagte: ‚Hier bin ich, ich bin Moses, Dein Diener'. Moses also erkennt sich selbst und unterwirft sich, wird also Subjekt durch das SUBJEKT und dem SUBJEKT unterworfen. Die Subjekte sind Spiegelungen, Wiederspiegelungen des SUBJEKTS! Aber das SUBJEKT benötigt die Subjekte ebenso, wie die Subjekte das SUBJEKT benötigen.

In der christlichen Religion ist es nun so, daß das SUBJEKT Subjekt wird, das SUBJEKT sich teilt, nämlich in die empirische, physische Gestalt, Jesu. Diese erstaunliche Notwendigkeit der Entzweiung des SUBJEKTS in Subjekte und des SUBJEKTS in ein SUBJEKT-Subjekt stellt sich übersetzt in eine theoretische Sprache wie folgt dar:

> „Wir stellen fest, daß die Struktur jeder Ideologie, durch die die Individuen im Namen eines Absoluten und Einzigen SUBJEKTS als Subjekte angerufen werden, spiegelhaft (speculaire) ist, und zwar in einer *doppelten* Weise: diese spiegelhafte Verdoppelung ist konstitutiv für die Ideologie und gewährleistet zugleich ihre Funktionsweise. Das bedeutet, daß jede Ideologie *zentriert* ist, daß das Absolute SUBJEKT den einzigen Platz des Zentrums einnimmt und um sich herum die unendliche Zahl der Individuen als Subjekte anruft, und zwar in einem doppelten spiegelhaften Verhältnis, indem es die Subjekte dem SUNJEKT *unterwirft*, während es ihnen im SUBJEKT, in dem jedes Subjekt sein eigenes (gegenwärtiges wie zukünftiges) Bild vor Augen hat, die *Garantie* bietet, daß es sich wirklich um sie oder es handelt und daß schließlich – da sich alles innerhalb der Familie abspielt (die Heilige Familie: die Familie ist ihrem Wesen nach heilig) – ‚Gott die Seinen *wiedererkennen* wird', d.h. daß diejenigen, die Gott anerkennen und ihn wiedererkannt haben, gerettet werden.
> Fassen wir zusammen, was wir über die Ideologie im allgemeinen erfahren haben.
> Die doppelte Spiegelstruktur der Ideologie gewährleistet gleichzeitig:
> 1) die Anrufung der ‚Individuen' als Subjekte,
> 2) ihre Unterwerfung unter das SUBJEKT,
> 3) die wechselseitige Wiedererkennung zwischen den Subjekten und dem SUBJEKT sowie der Subjekte untereinander und schließlich die Wiedererkennung des Subjekts durch sich selbst,
> 4) die absolute *Garantie*, daß alles in Ordnung ist und daß alles gut gehen wird, solange die Subjekte nur wiedererkennen, was sie sind, und sich dementsprechend verhalten: ‚Amen!'
> (Hebräisch: ‚Wahrlich, es geschehe!')." (104)

Das heißt: Die Ideologie ‚bewirkt', daß die Individuen ihre Unterwerfung freiwillig anerkennen und daß damit die Dinge so sein müssen, wie sie sind. Deutlicher:

> „... damit die Reproduktion der Produktionsverhältnisse bis in den Produktions- und Zirkulationsprozeß hinein Tag für Tag im ‚Bewußtsein', d.h. im Verhalten der Individuen-Subjekte gewährleistet wird – in ihren verschiedenen Stellungen, die ihnen die gesellschaftlich-technische Arbeitsteilung in der Produktion, der Ausbeutung, der Repression, der Ideologisierung, der wissenschaftlichen Praxis usw. zuweist. Worum geht es nämlich tatsächlich bei diesem Mechanismus der spiegelhaften Wiedererkennung des SUBJEKTS, der als Subjekte angerufenen Individuen und der Garan-

tie, die das SUBJEKT den Subjekten gibt, wenn sie ihre Unterwerfung unter die ,Gebote' des SUBJEKTS freiwillig akzeptieren? Die Wirklichkeit, um die es bei diesem Mechanismus geht und die in den Formen der Wiedererkennung notwendig verkannt wird (Ideologie = Wiedererkennung/Verkennung), ist in der Tat letzten Endes die Reproduktion der Produktionsverhältnisse und der aus ihnen abgeleiteten Verhältnisse." (105)

Im Mittelpunkt der Althusserschen Umrisse einer Theorie der Ideologie steht also die Konstitution und Reproduktion von Subjekten. Daraus folgt, daß Althussers Ideologietheorie eine Subjekttheorie zugrunde liegt, die im folgenden der Gegenstand der Analyse werden soll.

Mit Althusser ist es möglich geworden, zu denken und zu analysieren, wie es zur Konstitution und Reproduktion bestimmter Subjekte kommt, zu einem Jungen-Subjekt, Mädchen-Subjekt, Christen-Subjekt, Mutter-Subjekt usw. und daß diese Subjektkonstitution und Reproduktion sich wesentlich in der Ideologie bzw. ideologischen Ritualen abspielt.

Dabei soll an dieser Stelle – in Form einer Annahme – gesagt werden, daß die Subjekte in der Ideologie sich ihrer Identität (Ich-Identität) vergewissern; und immer neu vergewissern in den Mechanismen der doppelten Spiegelung, des Erkennens/Verkennens, diese Mechanismen den Individuen allerdings entgehen, zutiefst unbewußt sind.

Ferner, daß diese Ich-Identität zutiefst labil ist und sich nur in der Ideologie realisiert und reproduziert, letztlich die Vorstellung vom einheitlichen, zentrierten Subjekt, als Herr über sich selbst, der erste und wichtigste ideologische Effekt ist.

Althusser selbst hat sich nun nur in sehr kleinen Aufsätzen direkt mit dieser Subjekttheorie auseinandergesetzt, wohl aber implizit sich in allen seinen Schriften auf sie bezogen. (106)

Es handelt sich um die Theorie Freuds und der ,Weiterentwicklung' durch den französischen Psychoanalytiker Lacan.
Althusser schreibt:

„Freud nun enthüllt uns, daß das reale Subjekt das Individuum in seinem singulären Wesen nicht die Gestalt eines Ego hat, das auf das ,Ich (moi), das Bewußtsein oder die ,Existenz' – sei es in der Existenz des Für sich – der eigenen Leiblichkeit oder des ,sich-Verhaltens'- zentriert wäre; er entdeckt, daß das menschliche Subjekt dezentriert ist, konstituiert durch eine Struktur, die ebensowenig ein ,Zentrum' besitzt – es sei denn im imaginären Verkennen des ,Ich', d.h. in den ideologischen Formationen, in denen dieses sich ,anerkennt'. Es wird deutlich geworden sein, daß damit ein Weg geebnet ist, der uns vielleicht eines Tages zu einem besseren Verständnis der Struktur des Verkennens gelangen läßt, die das vorrangige Interesse jeder Erforschung der Ideologie ist." (107)

Diese Hinweise können natürlich nicht ausreichen, um folgendes grundsätzliche wissenschaftlich-methodische Problem zu lösen.

Nämlich, wie verhalten sich zwei Wissenschaften zueinander, die je über zwei grundsätzlich heterogene Gegenstände verfügen. Einmal die Erkenntnis der Struktur und die Veränderung von Gesellschaftsformationen (Marxismus) und das andere Mal die Erkenntnis der Struktur des Unbewußten (Psychoana.).

Auf diese grundsätzliche Problematik wird in einem gesonderten Kapitel eingegangen werden. Der Leser ist an dieser Stelle gezwungen, einem zutiefst ideologischen Mechanismus zu folgen; sich nämlich mit Evidenzen und den Hinweisen von Althusser zu begnügen.

Die Darstellung der Subjekttheorie des französischen Psychoanalytikers Lacan, wie er sie im Anschluß an Freud entwickelt hat, bringt nun einige Schwierigkeiten mit sich.

D.h. der ‚Umweg' über die Psychoanalyse Freuds und Lacans wird sich als relativ mühsam erweisen, insofern als diese Theorie selbst wiederum kaum verständlich wird, wenn man sich nicht mit der sog. strukturalen Linguistik im Anschluß an **de Saussure** und **R. Jakobson** auseinandergesetzt hat.

Am Anfang dieses Umweges muß also die Darstellung der wichtigsten Erkenntnisse der strukturalen Linguistik stehen, um vor diesem Hintergrund die ‚Weiterentwicklung' der freudschen Theorie durch Lacan zu beleuchten.

In die Darstellung der Subjekttheorie Lacans wird allerdings die Analyse des wohl wichtigsten ideologischen Staatsapparates der bürgerlichen Gesellschaft zumindest in Ansätzen eingehen, nämlich die Darstellung der Familie.

In der Familie wird nämlich in der Regel das Neugeborene ‚sozialisiert', vorbereitet auf seine ‚Rolle', die es in der Gesellschaft zu übernehmen hat.

In der Familie geht es also z.B. um die Konstitution eines Jungen- oder Mädchen-Subjekt.

Ferner werden bei der Darstellung der Lacanschen Subjekttheorie natürlich Begriffe geklärt werden müssen, wie Imaginär, Erkennen/Verkennen, doppelte Spiegelung, die zentral für das Verständnis der Ideologietheorie Althussers sind.

Über diesen ‚Umweg' soll dann am Ende versucht werden, einige der wesentlichen ideologischen Mechanismen herauszuarbeiten, die sich für die Konstitution und Reproduktion von Subjekten verantwortlich zeigen; also letztlich soll versucht werden, zu einer besseren Erkenntnis der Struktur des VERKENNENS zu gelangen.

IV. 1. ZU DEN LINGUISTISCHEN VORAUSSETZUNGEN DER SUBJEKTTHEORIE J. LACANS

IV.1 VORBEMERKUNG

> *„Lacan würde nicht bestreiten, daß sein Versuch einer Theoretisierung unmöglich gewesen wäre, wäre nicht eine neue Wissenschaft die Linguistik, entstanden. (...) Der Schatten, der zunächst auf die Freudsche Theorie durch das Modell der energetischen/thermodynamischen Physik von Helmholtz und Maxwell fiel, ist heute durch das Licht beseitigt worden, das die strukturelle Linguistik auf ihren Gegenstand wirft, zu dem sie einen verständlichen Zugang eröffnet. Freud hatte schon gesagt, daß alles von der Sprache abhänge; Lacan präzisiert das: ‚Der Diskurs des Unbewußten ist strukturiert wie eine Sprache'." (108)*

Die folgenden Ausführungen werden die wichtigsten Erkenntnisse der strukturalen Linguistik zum Gegenstand haben. Die Ausführungen können natürlich nicht den Anspruch erheben, die gesamte Diskussion und Weiterentwicklung der strukturalen Linguistik im Anschluß an die hier vorzustellenden Texte wiedergeben zu können. Es geht vielmehr um die Erkenntnis der wesentlichsten Strukturen und Prozessualitäten, die sich bei der Erforschung des Gegenstandsfeldes ‚Sprache' aufdrängen. Dabei wird weiterhin selektiert werden, insofern als es um die Darstellung der Prozesse gehen muß, die unabdingbar für das Verständnis der Subjekttheorie Lacans sind.

Die Konstitution der strukturellen Linguistik ist unmittelbar geknüpft an den Namen Ferdinand de Saussure (1857-1913). Die Vorstellung der wesentlichsten Gedanken Saussures wird sich konzentrieren auf die posthum erschienenen ‚Genfer Vorlesungen' de Saussures, die er 1906 ebenda hielt. Es handelt sich um Mitschriften seiner Schüler Charles Bally und Albert Sechehage in der deutschen Übersetzung von Herman Lommel. Dieses mittlerweile zum Standardwerk avancierte Buch erschien 1967 in seiner zweiten Auflage in Berlin unter dem Titel: ‚Grundfragen der allgemeinen Sprachwissenschaft'. (109)

Nach Helbig ist mit dem Namen de Saussure eine ‚grundsätzliche Neuorientierung der Linguistik' verbunden. (110) Die Neuorientierung de Saussures besteht vor allem in der Abgrenzung zu zwei Forschungsrichtungen: zum einen gegen die ausschließlich historisch orientierte Sprachwissenschaft, die sich wesentlich um die Frage nach den historischen Abstammungsverhältnissen zwischen einzelnen Sprachen kümmerte.

„Den Vertretern dieser Fragestellung galt eine Erscheinung dann als geklärt, wenn sie in den historischen Prozeß eingeordnet, ihr Verhältnis zu entsprechenden Erscheinungen in Mutter- und Tochtersprachen bestimmt war, wenn also etwa die englischen, lateinischen und russischen Wörter für 100, *hundred, centrum* und *sto* durch regelmäßige Lautveränderungen auf eine gemeinsame Urform zurückgeführt werden konnten." (111)

Stellvertretend für diese Forschungsrichtung seien die Namen Jones, Fr. Schlegel und Grimm genannt.

Diese Vorstellungen wurden attackiert von den positivistisch orientierten Junggrammatikern (Brugmann, Osthoff usw.). Sie gingen nämlich davon aus, daß Sprachveränderungen nicht auf einen ‚organischen Vorgang' zurückzuführen seien, sondern nahmen die Existenz von Lautgesetzen an, die wiederum in der lebenden Sprache unmittelbar zu beobachten seien, also in der allmählichen Veränderung der Sprache im Gebrauch. (112)

„Die Sprachwissenschaft sollte durch Gesetze in eine so exakte Wissenschaft verwandelt werden, daß sie sich mit den Naturwissenschaften messen und das sprachliche Geschehen nicht nur beschreiben, sondern auch erklären konnte." (113)

Bierwisch nun konstatiert, daß diese positivistischen Grundgedanken ‚die Basis der gesamten Sprachwissenschaft in Frage stellten' und die sich daran anknüpfenden Fragen ‚historisch und methodologisch die Wurzel des Strukturalismus' bildeten. (114)

„Wenn man die Geschichte einer Sprache nur anhand der direkt wahrnehmbaren oder mindestens unterstellten individuellen Äußerungen erforschen konnte, was war dann die Sprache als Ganzes? Ist eine Sprache nichts anderes als die Gesamtheit aller Sätze, die von einer bestimmten Gruppe von Menschen zufällig hervorgebracht werden?" (115)

Die Beantwortung dieser Frage führt de Saussure zu „fundamentalen Unterscheidungen" (116), wie der Unterscheidung zwischen synchronischer und diachronischer Sprachwissenschaft; de Saussure betont also wesentlich den Nutzen der synchronischen oder statisch, beschreibenden Sprachwissenschaft, welche die Erkenntnis der Struktur und Funktionsweise der Sprache (im allgemeinen) zum Gegenstand hat, sich also bemüht, die Sprache als Sprache, als System eigener Art zu begreifen'. (117)

Diese Bemühungen de Saussures sollen nun im einzelnen dargelegt werden, wobei Begriffe wie Signifikat, Signifikant, Zeichen, parole, langue usw. geklärt werden, die fundamental sind für das Verständnis der Lacanschen Subjekttheorie. Daß dies relativ ausführlich geschieht, findet seine tiefere methodologische Begründung darin, daß Lacan die Begriffe de Saussures nicht nur verwendet, sondern auch teilweise mit anderem Inhalt füllt und wie **Gallas** besonders betont, die Schlußfolgerung aus de Saussures Gedankengängen entscheidend radikalisiert hat. (118)

IV.1.2 HERVORBRINGUNG DES ERKENNTNISGEGENSTANDES ‚SPRACHE'

In der Vorbemerkung wurde gesagt, daß de Saussure sich wesentlich bemüht, die Sprache als System eigener Art zu begreifen.

Die entscheidende Frage wäre jetzt: was eigentlich ist Sprache und was ist nach de Saussure der Gegenstand der Sprachwissenschaft?

De Saussure weist auf die Schwierigkeiten hin, die sich bei dem Versuch der Beantwortung der Frage nach dem Gegenstand der Sprachwissenschaft einstellen. Für ihn existiert nur eine Lösung:

> „...: Man muß sich von Anfang an auf das Gebiet der Sprache begeben und sie als die Norm aller anderen Äußerungen der menschlichen Rede gelten lassen. ... Was nun aber ist die Sprache? Für uns fließt sie keineswegs mit der menschlichen Rede zusammen; sie ist nur ein bestimmter, aber wesentlicher Teil davon." (119)

Es ist sofort augenfällig, daß de Saussure die ‚menschliche Rede' und die Sprache voneinander trennt. Die Sprache ist ein Teil der menschlichen Rede. Die menschliche Rede **(langage)** besteht somit für Saussure aus zwei zu unterscheidenden Gebieten oder ‚Sachen', für die es im deutschen Alltagssprachgebrauch keine Differenzierung gibt. Sie besteht aus der Sprache **(langue)** und der sog. **Parole** zu übersetzen als Sprachgebrauch/Sprachverwendung.

Die **Langue** wäre demnach die Sprache als System, der im folgenden unsere Aufmerksamkeit geschenkt werden soll. (Im folgenden meint also ‚Sprache' = Langue.)

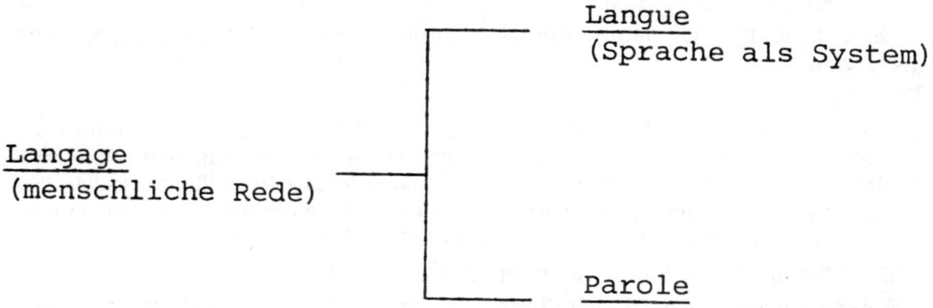

(120)

De Saussure macht diese Unterscheidung an einem äußerst einfachen Schaubild deutlich. Unterstellt werden zwei Personen A und B., die verbal miteinander kommunizieren. In der Person A existieren Vorstellungen im Bewußtsein/Gehirn, die dann mit sprachlichen Zeichen oder akustischen Lauten assoziiert werden, um die Vorstellungen zu realisieren, zu materialisieren. Eine gegebene

Vorstellung löse also im Gehirn ein Lautbild aus, einem psychischen Vorgang folgt ein physiologischer, während die Übermittlung als physikalischer Vorgang charakterisiert werden könnte. Bei der Person B realisiert sich diese Prozessualität in umgekehrter Reihenfolge.

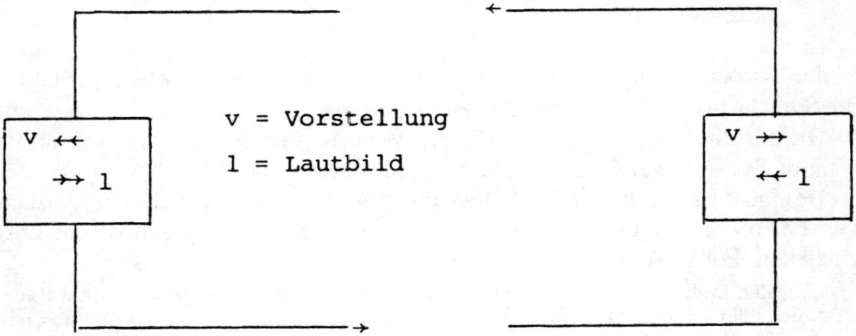

(121)

Saussure führt weiter aus:

> „Zwischen allen Individuen, die durch die menschliche Rede verknüpft sind, bildet sich eine Art Durchschnitt aus: alle reproduzieren – allerdings nicht genau, aber annähernd – diesselben *Zeichen*, die an dieselben Vorstellungen geknüpft sind." (122)

Die **Langage** (im Schaubild die Gesamtheit des Prozesses) wäre die allgemein menschliche Sprechfähigkeit. Die **Parole** meint die „Aktivierung des Sprachsystems durch das Individuum in der Sprachrealisation" (123), d.h. der konkrete Gebrauch der Sprache als Sprechen oder Schreiben.

Sie, die Parole ist damit radikal geschieden von der Langue, der Sprache als System.

De Saussure:

> „Sie (die Sprache; U.R.) ist ein genau umschriebenes Objekt in der Gesamtheit der verschieden gearteten Tatsachen der menschlichen Rede. Man kann sie lokalisieren in demjenigen Teil des Kreislaufs, wo ein Lautbild sich einer Vorstellung assoziiert. Sie ist der soziale Teil der menschlichen Rede und ist unabhängig vom Einzelnen, welcher für sich allein sie weder schaffen noch umgestalten kann;" (124)

Vorher beschreibt de Saussure die Sprache wie folgt:

> „Wenn wir die Summe der Wortbilder, die bei allen Individuen aufgespeichert sind, umspannen könnten, dann hätten wir das soziale Band vor uns, daß die Sprache ausmacht. Es ist ein Schatz, den die Praxis des Sprechens in den Personen, die der gleichen Sprachgemeinschaft angehören, niedergelegt hat, ein grammatikalisches System, das virtuell in jedem Gehirn existiert, oder vielmehr in den Gehirnen einer Gesamtheit von Individuen; denn die Sprache ist in keinem derselben vollständig, vollkommen existiert sie nur in der Masse. Indem man die Sprache vom Sprechen scheidet, scheidet man zugleich: 1. das Soziale vom Individuellen; 2. das Wesentliche vom Akzessorischen und mehr oder minder Zufälligem." (125)

Die Langue bildet somit für de Saussure – und dies ist eine der Neuorientierungen – den eigentlichen Gegenstand der Sprachwissenschaft. Sie ist ein System eigener Ordnung und stellt keine Funktion der sprechenden Personen dar, sondern ‚das Produkt, welches das Individuum in passiver Weise einregistriert'. (126)

Für den hier zur Diskussion stehenden Zusammenhang ist jetzt genau die Erkenntnis der Struktur der Langue von Interesse, vor allem die sich in diesem System abspielende Prozessualität und deren Gesetzmäßigkeiten.

Im vorhergehenden war von einem Begriff die Rede, der der Erläuterung bedarf: das **Zeichen**. Denn für Saussure ist die Sprache ‚ihrer Natur nach gleichartig; sie bildet ein System von Zeichen, in dem einzig die Verbindung von Sinn und Lautzeichen wesentlich ist'. (127)

IV.1.2.1 DAS SPRACHLICHE ZEICHEN

Gemeinhin macht man sich von der Sprache die Vorstellung, daß sie lediglich eine ‚Nomenklatur', eine ‚Liste von Ausdrücken' ist, die ähnlich vielen Sachen entspricht. Für de Saussure nun vereinigt das sprachliche Zeichen in sich nicht einen Namen und eine Sache, sondern eine **Vorstellung** und ein **Lautbild**. (128) Es ist also zusammengesetzt aus einer Lautvorstellung und einer Bedeutungsvorstellung, auch als **Signifikant** und **Signifikat** bezeichnet.

Zeichen

Vorstellung (Signifikat, Bezeichnetes)
Lautbild (Signifikant, Bezeichnendes)

De Saussure:

> „Ich schlage also vor, daß man das Wort Zeichen beibehält für das Ganze, und Vorstellung bzw. Lautbild durch Bezeichnetes und Bezeichnung (Bezeichnendes) ersetzt; die beiden letzteren haben den Vorzug, den Gegensatz hervorzuheben, der sie voneinander trennt und von dem Ganzen, dessen Teil sie sind. Für dieses selbst begnügen wir uns mit dem Ausdruck ‚Zeichen', weil kein anderer sich dafür finden läßt." (129)

Das sprachliche Zeichen ist nun in seiner formalen Struktur charakterisiert durch zwei Grundeigenschaften. Zum einen ist es **beliebig**, zum anderen zeichnet es sich durch seinen **linearen** Charakter aus.

Die These, daß das sprachliche Zeichen durch den Grundsatz der Beliebigkeit (Arbitrarität) beherrscht wird, wird nach Saussure ‚von niemand bestritten' (130)

> „...; und da wir unter Zeichen das durch die assoziative Verbindung einer Bezeichnung mit einem Bezeichneten erzeugte Ganze verstehen, so können wir dafür einfacher sagen: das sprachliche Zeichen ist beliebig." (131)

Die These von der Arbitrarität des Zeichens ist denn auch für S. Weber nichts

Neues. Im Gegenteil. Für ihn nimmt de Saussure damit ‚eine ehrwürdige Tradition wieder auf: die auf die Unterscheidung von signans und signatum bei den Stoikern zurückgeht und sich somit letztlich einschreibt in die Tradition der metaphysischen Sprachtheorie‘. (132)

Unter der Arbitrarität des Zeichens ist zu verstehen, daß die Assoziation von Signifikant und Signifikat in sich beliebig ist, ‚unmotiviert‘, insofern als keine natürliche Zusammengehörigkeit zwischen beiden besteht. Also zwischen der Bedeutungsvorstellung und der Lautfolge H-a-u-s keine, aber auch gar keine innere, wesensmäßige Beziehung besteht. Deutlich wird dies sofort dann, wenn man sich vergegenwärtigt, daß verschiedene Sprachen für die gleiche Bedeutungsvorstellung verschiedene Lautfolgen verwenden.

> „Das Wort beliebig erfordert hierbei eine Bemerkung. Es soll nicht die Vorstellung erwecken, als ob die Bezeichnung von der freien Wahl der sprechenden Person abhänge (weiter unten werden wir sehen, daß es nicht in der Macht des Individuums steht, irgendetwas an dem einmal bei einer Sprachgemeinschaft geltenden Zeichen zu ändern); es soll besagen, daß es unmotiviert ist, d.h. beliebig im Verhältnis zum Bezeichneten, mit welchem es in Wirklichkeit keinerlei natürliche Zusammengehörigkeit hat.“ (133)

Der zweite Grundsatz, durch den das sprachliche Zeichen in seiner formalen Struktur gekennzeichnet ist, ist so evident, „(so) daß man bisher versäumt hat ihn auszusprechen, sicherlich, weil er als gar zu einfach erschien“. (134)

Nämlich, daß das Bezeichnende als etwas Hörbares von Eigenschaften dominiert wird, die zeitlichen Gesetzmäßigkeiten folgen. Es stellt eine Ausdehnung dar, in der die akustischen Bezeichnungen nacheinander auftreten, eine Linie, eine Kette bilden, die von Lacan später als **Signifikantenkette** bezeichnet wird.

IV.1.2.2 DER SPRACHLICHE WERT

Für de Saussure nun ist die Sprache nicht aus selbst bedeutungstragenden Substanzen aufgebaut, sondern vielmehr auf **Werten**.

> „Da es (das Zeichen; U.R.) Teil eines Systems ist, hat es nicht nur eine Bedeutung, sondern zugleich und hauptsächlich einen Wert, und das ist etwas ganz anderes.“ (135)

Denn Werte können lediglich ‚erfahrbar‘ werden, wenn man sie in Beziehung zu anderen Werten des Systems setzt.

Worte repräsentieren also nicht von vornherein gegebene Vorstellungen, sondern stellen Werte dar, die sich bestimmen aus der Stellung im Gesamtsystem. Die sind also nicht selbst positiv durch ihren Inhalt bestimmt, vorgängig bedeutungstragend, sondern negativ durch ihre Beziehungen zu den anderen Gliedern des Systems.

> „Ihr bestimmtestes Kennzeichen ist, daß sie etwas sind, was die anderen nicht sind.
> Daraus läßt sich die wirkliche Geltung des Schemas für das Zeichen erkennen.
> So besagt:

↓ Bezeichnetes "urteilen" ↑
Bezeichnendes "urteilen"

daß im Deutschen eine Vorstellung ‚urteilen' mit einem Lautbild ‚urteilen' verbunden ist, mit einem Wort: es stellt eine Bedeutung dar; aber diese Vorstellung ist, wohlverstanden, nichts Primäres, sondern nur ein Wert, der durch seine Verhältnisse zu anderen Werten bestimmt ist, und ohne die Verhältnisse würde die Bedeutung nicht existieren." (136)

Um dies zu verdeutlichen, bietet sich das auch von Saussure oft verwendete Beispiel des Schachspiels an. Der Springer z.B. ist, für sich allein betrachtet, kein Bestandteil des Schachspiels. Er erhält erst Geltung und verkörpert einen Wert, wenn er mit dem Gesamtsystem Schachspiel in Beziehung gesetzt wird. Selbst wenn man annimmt, daß ein Springer verloren gegangen sei, könnte jeder andere Gegenstand (ein Stein, ein Radiergummi o.ä.) den Wert des Springers übernehmen.

Oder man vergegenwärtigt sich, daß Synonyma ihren besonderen Wert nur erhalten durch ihre Gegenüberstellung, wie z.B. Denken, Meinen, Glauben. Man darf also nicht die Bedeutung mit dem Wert verwechseln; die Bedeutung ist lediglich ein Teil des Wertes.

Betrachtet man den sprachlichen Wert von der Seite der Laute, also der Signifikanten, so findet man auch hier das Prinzip der Differenz und Negativität.

Der Laut ‚B' z.B. ist nur denkbar bzw. erhält nur dann einen Wert, wenn er in Beziehung gebracht wird mit dem Laut ‚A'.

Die Fähigkeit bestimmter Phoneme, wie f, b, r und l, verschiedene Wörter zu bilden wie ‚reifen', ‚reiben', ‚reiten' haftet den Phonemen nicht substantiell an, sondern ergibt sich aus der Stellung der Phoneme zu anderen Phonemen. (137)

„Alles voraus Gesagte läuft darauf hinaus, daß es in der Sprache nur Verschiedenheiten gibt. Mehr noch: eine Verschiedenheit setzt im allgemeinen positive Einzelglieder voraus, zwischen denen sie besteht; in der Sprache aber gibt es nur Verschiedenheiten ohne positive Einzelglieder." (138)

Dieses Prinzip gilt allerdings für Saussure nur insofern, als die Signifikats- und Signifikantenordnungen gesondert betrachtet werden.

Die Sprache als System hat nun die Aufgabe bzw. übernimmt die Funktion die ‚amorphe, in sich chaotische Masse der Vorstellungen zu parallelisieren, ihre Verbindung, Assoziation zu ermöglichen. Dieses in Beziehung setzen einer gewissen Zahl von Lauten und Vorstellungen erzeugt ein System von Werten.

„Nur dieses System stellt die im Innern jedes Zeichens zwischen den lautlichen und psychischen Elementen bestehende Verbindung her. Obgleich Bezeichnetes und Bezeichnung, jedes für sich genommen, lediglich differentiell und negativ sind, ist ihre Verbindung ein positives Fakt." (139)

J. Lacan hat nun die zeichentheoretischen Überlegungen de Saussures aufgenommen und modifiziert. Wie wir gesehen hatten, sind die Signifikats- und Signifikantenordnungen, für sich allein betrachtet, durchzogen vom Prinzip differentieller Verweisungen; diese beiden Ordnungen werden nun nach Saussurre durch das System Sprache parallelisiert, damit eine Assoziation von Signifikant und Signifikat sich allererst realisieren kann.

Vor allem in dem Aufsatz ‚Das Drängen des Buchstabens im Unbewußten oder die Vernunft seit Freud' (140) hat Lacan die Schlußfolgerungen und Inkonsequenzen aus de Sausurres Überlegungen aufgegriffen und die Schlußfolgerungen radikalisiert. So betont Lacan den Vorrang des Signifikanten gegenüber dem Signifikat. Stand bei de Saussure der Signifikant S unter dem Signifikat s, also $\frac{s}{S}$, so dreht Lacan die Formel um und verweist auf die Bedeutung des Balkens.

> „Dieser Algorithmus ist: $\frac{S}{s}$ zu lesen als:
> Signifikant über Signifikat, wobei das ‚über' dem Balken entspricht, der beide Teile trennt." (141)

D.h. Lacan hebt nicht die Parallelität der Signifikanten und Signifikatsordnungen hervor, die die ‚konkrete', ‚positive Entität der Sprache hervorbringt', sondern betont die Dominanz des Signifikanten, insofern dieser – um mit Weber zu sprechen – ‚die Operation der Differenz materialisiert und verwirklicht'. (142)

Denkt man nämlich die These de Saussures zu Ende, daß die in sich differenten Signifikats- und Signifikantenordnungen sich parallelisieren und kein Signifikat ohne Signifikant zu denken sei, so gelangt man letztlich zu einer Sprachkonzeption, in der der Signifikant die Funktion übernimmt, das Signifikat zu repräsentieren; d.h. die Signifikate erscheinen letztlich als vorgängige, selbst bedeutungstragende, substantielle Einheiten, die von den Signifikanten repräsentiert werden und dies widerspricht in seiner Konsequenz den von de Saussure selbst hervorgebrachten Überlegungen.

Lacan sieht, daß das Prinzip der Differenz/Negativität die Signifikatsebene ebenso durchzieht.

> „Denn damit die undifferenzierte, amorphe Masse des Denkens sich in bestimmten Gedanken – d.h. überhaupt in Gedanken – artikuliert, müssen die verschiedenen Gedankenelemente sich voneinander absetzen, sich unterscheiden, differenzieren ..." (143)

Damit käme dem Signifikanten nicht mehr die Funktion zu, substantielle, vorgängige Signifikatseinheiten zu repräsentieren, sondern die Prinzipien der Differenz/Negativität zu materialisieren; somit wäre Sprache letztlich nicht mehr zu denken als Respräsentation, sondern als **Artikulation**.
Helga Gallas faßt auf markante Art und Weise zusammen:

> „Damit wird Sprache nicht mehr als adäquates Ausdrucksmittel der Gedanken begriffen, sondern als ein Differenzierungssystem, das sich wie ein Raster auf die ungeordnete Masse der Realität legt, sie ordnet, unterscheidet und damit erst Sinn schafft, Bedeutungen produziert. (...) Da wir in diese Sprachstruktur hineingeboren werden, ist jegliches Erkennen der Realität an sie gebunden." (144)

An dieser Stelle kann natürlich gefragt werden, was dies alles mit einer Subjekttheorie, geschweige denn mit einer Ideologietheorie zu tun hat; dies sei in aller Kürze angedeutet.

Nach Lacan kann das Subjekt als ein Sklave der Sprache erscheinen (145), insofern es hineingeboren wird in ein Sprachsystem, dessen formale Struktur vor seiner Geburt existiert und nach seinem Tod weiterexistieren wird. Das Individuum wird also in eine Ordnung hineingeboren, die in der Tat präexistent ist und deren wichtiger Bestandteil eben die Sprache ist. Diese Ordnung wird späterhin als Symbolische Ordnung bezeichnet werden. D.h. um mit Althusser zu sprechen, daß diese Ordnung in ihrem **formalen Wesen** mit der Ordnung der Sprache verschmolzen ist. (146)

Und wir werden weiter sehen, daß die formalen Gesetzmäßigkeiten der Sprache von Lacan aufgespürt werden in den Mechanismen der Traumarbeit, wie Freud sie in der ‚Traumdeutung' entwickelt hat. Über diesen Umweg wird Lacan zu der These gelangen, daß das Unbewußte strukturiert sei wie eine Sprache: d.h. er stellt das begriffliche Instrumentarium zur Verfügung, um zur Erkenntnis der Struktur des Unbewußten zu gelangen, die unabdingbar ist für die Erkenntnis dessen, was man gemeinhin als Bewußtsein bezeichnet.

Diese allerdings äußerst kurzen Evidenzäußerungen mögen zumindest angedeutet haben, daß so etwas wie ‚Menschwerdung' oder Subjektkonstitution und Reproduktion sich unter/nach den formalen Gesetzmäßigkeiten der Sprache vollzieht.

Bevor wir nun die Gesetzmäßigkeiten verdeutlichen, nach denen die Sprache funktioniert, soll noch kurz auf den Algorithmus Lacans eingegangen werden, da dieser weitreichende Konsequenzen nach sich zieht. Lacan spricht vom Balken, der die beiden Teile des Zeichens trennt.

> „Die Thematik dieser Wissenschaft (Der Linguistik; U.R.) hängt von nun an tatsächlich an der erstrangigen Position, die dem Signifikanten und dem Signifikat zukommt als zu unterscheidenden Ordnungen, die von vornherein getrennt sind durch eine *Schranke, die sich der Bedeutung widersetzt*." (147)

Wenn wir uns erinnern, daß bei de Saussure das sprachliche Zeichen sich durch den Grundsatz auszeichnete, einen linearen Charakter zu haben, eine Kette bilden zu können, die sog. Signifikantenkette, die lediglich zeitlichen Gesetzmäßigkeiten folgt (was Lacan relativiert), dann hebt Lacan hervor, daß ‚das Signifizierte unaufhörlich unter dem Signifikanten gleitet', insofern als der „Sinn in der Signifikantenkette insistiert, daß aber nicht ein Element der Kette seine Konsistenz hat in der Bedeutung, deren es im Augenblick gerade fähig ist". (148)

Soll besagen, daß die Signifikantenkette, bedingt durch ihre formale Struktur und die sich in ihr abspielenden Prozessualitäten, eine Bedeutungsproduktion ermöglicht, die lediglich punktuell greifbar ist, vielschichtig, also die Potenz in sich birgt, alles andere damit zu bezeichnen, als das, was sie gerade sagt.

Ähnlich wie im Traum, wo die Elemente des manifesten Trauminhalts, hervorgebracht durch die Leistung der Traumarbeit, auf unbewußte, nicht präsente Elemente oder Wünsche verweisen.

> „Was diese Struktur der signifikanten Kette aufdeckt, ist meine Möglichkeit, genau in dem Maße, wie ihre Sprache mir und anderen Subjekten gemeinsam ist, das heißt, wie diese Sprache existiert, mich ihr bedienen zu können, um alles andere, als das damit zu bezeichnen, was sie sagt." (149)

Dieser zweite, unbewußte Diskurs, die potentiell vorliegende Möglichkeit/Notwendigkeit, alles andere in der aktuellen verbalen Äußerung zu bezeichnen, als das, was geäußert wird, bricht im Versprechen, in den Fehlleistungen, im Witz und in den Unterbrechungen des Redeflusses punktuell hervor. Es verschafft sich ein Diskurs Geltung, der, „durch ‚Verdrängung' unkenntlich, die Kette des verbalen Diskurses des menschlichen Subjekts verdoppelt". (150)

Sollten diese Äußerungen an dieser Stelle unklar bleiben oder als ungesichert erachtet werden, so werden sie auf jeden Fall einsehbar, wenn wir uns die Mechanismen und Gesetzmäßigkeiten vergegenwärtigt haben, nach denen die Signifikantenkette funktioniert.

Diese Darstellung wird sich bemühen, sich auf das Wesentlichste zu konzentrieren und zu verdeutlichen suchen, wie diese formalen Gesetzmäßigkeiten in der Struktur des Unbewußten/Bewußten wiederzufinden sind.
Denn mit Lacan:

> „Das Unbewußte ist seit Freud eine Signifikantenkette, die irgendwo (auf einem anderen Schauplatz schreibt er) sich wiederholt, hartnäckig sich wiederholt und in jenen Einschnitten interferiert, die ihr der tatsächliche Diskurs anbietet und auch die grübelnde Reflexion, die dieser mit Information versieht." (151)

IV.2 DIE OPERATIONEN DER SIGNIFIKANTENKETTE

IV.2.1 PARADIGMATISCHE UND SYNTAGMATISCHE BEZIEHUNG

Natürlich kann die im vorhergehenden angedeutete Mehrdimensionalität der Signifikantenkette nicht meinen, daß so etwas wie Bedeutung, letztlich die Kommunikations- und Informationsfunktion von Sprache nicht existieren könne. Im Gegenteil.

Wir hatten gesehen, daß de Saussure die Sprache denkt als ein System von Zeichen, die ihre Wertigkeit erhalten durch ihre Stellung im Gesamtsystem.

Saussure unterscheidet nun zwei Arten von Relationen, in denen die sprachlichen Zeichen zueinander stehen, die *syntagmatischen* und *paradigmatischen* Beziehungen. (De Saussure verwendet den Ausdruck der *assoziativen* Beziehung, statt des geläufigen, von Hjelmslev eingeführten Begriffs der *paradigmatischen* Beziehung.)

Die syntagmatische Beziehung meint, daß Worte ‚beim Ablauf irgendwelcher Aussagen' Beziehungen untereinander eingehen, die auf dem linearen

Charakter der Sprache beruhen, also eine Verkettung eingehen, wobei sich die Wertigkeit des Gliedes ergibt, „weil es dem vorausgehenden oder dem folgenden oder beiden gegenübersteht. (152)

Diese Aneinanderreihungsbeziehung besteht nach de Saussure ‚in praesentia', ganz im Gegensatz zu den assoziativen, paradigmatischen Beziehungen, deren Glieder sich ‚in absentia', in einer möglichen Gedächtnisreihe verbinden. Es handelt sich hier also um eine Beziehung, die sich nicht in der Horizontalen erstreckt, sondern in der Vertikalen, insofern als sich außerhalb des gesprochenen Satzes die Wörter, ‚die irgendetwas unter sich gemein haben', im Gedächtnis assoziieren.

In einem einfachen Satz, bestehend aus Subjekt und Prädikat, bestände die syntagmatische Beziehung genau in der Verkettung von Subjekt und Prädikat, z.B. Vater lügt.

Die paradigmatische Beziehung wäre darin zu sehen, daß die einzelnen Teile dieses äußerst einfachen Systems ‚Satz' in Beziehung stehen zu den Gliedern, die selbst nicht im Satz vorkommen wie z.B. Vater schwindelt, sagt die Unwahrheit usw.

	syntagmatische Beziehung	(in präsentia)
Paradigmatische Beziehung	Vater	lügt
	er	schwindelt
in absentia	der Hausherr	sagt die Unwahrheit
	Patriarch	

Roman Jakobson hat vor allem in dem Aufsatz ‚Zwei Seiten der Sprache und zwei Typen aphatischer Störungen' (153) die Vorstellungen de Saussures modifiziert. Er betont, daß die paradigmatische Beziehung durchzogen ist vom Prinzip der *Selektion*, insofern der aktuelle Sprecher/Schreiber aus einem Vorrat an ähnlichen Zeichen (das Paradigma) auswählen kann und muß. Das Prinzip der Selektion allerdings zur Voraussetzung hat, daß ein Term durch einen anderen ersetzt werden kann, was wiederum zur Voraussetzung hat, daß diese Terme sich durch eine Ähnlichkeitsbeziehung (Similaritätsbeziehung) auszeichnen müssen, um überhaupt *substituiert* werden zu können.

> „Eine Entscheidung zwischen zwei Möglichkeiten setzt voraus, daß die eine Möglichkeit für eine andere, welche der ersten in einer Hinsicht gleichwertig und in einer anderen Hinsicht nicht gleichwertig ist, eingesetzt werden kann. Selektion und Substitution sind zwei Erscheinungsformen derselben Operation." (154)

Auf der Ebene der syntagmatischen Beziehungen hebt Jakobson die Mechanismen der *Kombination* und *Kontextbildung* hervor.

So bildet jede größere sprachliche Einheit (z.B. ein Satz) den Kontext für kleiner sprachliche Einheiten (z.B. Wörter).

> „Somit vereinigt also jede Gruppe von linguistischen Einheiten diese Einheiten zu einer höheren Einheit: Kombination und Kontextbildung sind zwei Erscheinungsformen derselben Operation." (155)

Auf der syntagmatischen Ebene spielt also das Similaritätsverhältnis keine Rolle, sondern das *Kontiguitätsverhältnis*.

Das immer wieder zitierte Beispiel von Jakobsen verdeutlicht diese Mechanismen. Zwei Kindern sollen darauf antworten, was ihnen zum Stichwort ‚Hütte‘ einfällt. Die Kinder antworten mit den zwei Möglichkeiten, die sie haben; entweder sie substituieren auf Grund der Similaritätsbeziehung Hütte durch Palast, Haus, Höhle usw. oder sie ergänzen, kombinieren auf Grund der Kontiguitätsbeziehungen und sagen Strohdach oder Armut usw. (156)

An dieser Stelle sollte deutlich werden, wovon im vorhergehenden kurz die Rede war, nämlich, daß sich ‚unterhalb‘ der aktuellen Äußerung des sprechenden Subjekts so etwas manifestiert wie ein zweiter Diskurs oder das, was Lacan als das Gleiten des Signifikats unter dem Signifikanten bezeichnet hat.

Denn die indirekte Anwesenheit aller paradigmatischen Glieder führt nicht nur zu einer Präzisierung des Sinns, sondern schafft auch beständig neue Bezüge, die den Sinn ständig in Schwebe halten, da ja die Glieder der potentiellen Gedächtnisreihe ebenfalls in Kontextbeziehung stehen.

So auch auf der syntagmatischen Ebene, wo die Verknüpfung zweier Signifikanten auf weitere nicht realisierte Kontexte verweist. D.h. wir finden bei der Aneinanderreihung von Worten nicht nur eine horizontale Ausdehnung bzw. einen horizontalen Zusammenhang, sondern auch einen vertikalen. Diese Mehrdimensionalität der Signifikantenkette vergleicht Lacan selbst mit der Mehrstimmigkeit einer Partitur. (157)

Denn immer neue Assoziationen lassen sich an jedes Glied der Kette einhängen und verändern so den gerade erfaßten Sinn beständig, der also vorher nicht schon eindeutig feststeht noch festgehalten werden kann.

Nach Lacan ist also Bedeutungsproduktion nicht primär der Intention des sprechenden Subjekts geschuldet, sondern vielmehr die ‚Korrelation zwischen Signifikat und Signifikant geben einen Maßstab für jede Suche nach Bedeutung ab, insofern als die Signifikantenkette, bedingt durch die syntagmatischen und paradigmatischen Operationen, den Sinn nicht repräsentiert, sondern antizipiert und in der Schwebe hält‘.

Das Subjekt nun muß dieser vorgängigen Struktur, der Sprache, ihm wohlgemerkt unbewußt, um mit Lacan zu sprechen, ‚sklavisch‘ folgen.

> „Aber all das Signifikante, wird man sagen, kann doch nur wirken, indem es dem Subjekt gegenwärtig ist. Genau dies meine ich, wenn ich anmerke, daß es auf die Ebene des Signifizierten übergegangen ist.“ (158)

IV.2.2 METONYMIE UND METAPHER

Roman Jakobson ist auch derjenige, der herausarbeitet, daß die rhetorischen Figuren der Metapher und Metonymie auf den gleichen Operationen beruhen, wie die linguistischen Kategorien des Paradigmas und Syntagmas.

Unter einer Metapher versteht man in der Regel, daß ein Wort aus seinem eigentlichen Bedeutungszusammenhang in einen anderen, fremden, im entscheidenden Punkt aber vergleichbaren übertragen wird. Diese Operation wäre als Substitution zu begreifen, wobei auf Grund der Ähnlichkeit gewählt und ersetzt wurde (z.B. „rote Rose“ für „Liebe“).

Die rhetorische Figur der Metonymie dagegen bedeutet, daß ein Wort durch ein anderes ersetzt wird, das zu ihm in räumlichen, zeitlichen, logischen Zusammenhang steht soll heißen, daß beide Terme durch bestimmte feste Relationen miteinander verknüpft sind (z.B. „Bonn“ für „Bundesregierung“). Zwischen beiden Termen besteht also eine Kontiguitätsbeziehung.

Man sollte sich allerdings davor hüten, die rhetorischen Kategorien Metapher und Metonymie gleichzusetzen mit den linguistischen Kategorien Paradigma und Syntagma, denn das Syntagma vereinigt Teile ‚in präsentia‘, während bei der rhetorischen Figur der Metonymie ein nicht genannter Term durch einen anderen ersetzt wurde. Gleiche Schwierigkeiten ergeben sich bei der Gleichsetzung von Paradigma und Metapher.

Entscheidend ist nach Gallas im ersten Fall die **Verbindung** zwischen dem eigentlichen und ersetzenden Term, die syntagmatisch ist und im zweiten Fall geht es weniger um die Substituion, die ja auch bei der Metonymie erfolgt, als vielmehr um die **Art der Gedankenverbindung**, die zwischen den Termen besteht, also um die Ähnlichkeit. (159)

Lacan übernimmt nun seinerseits die Zuordnung von linguistischen zu rhetorischen Termini; er definiert die Metapher als „Ein Wort für ein anderes“ (160), die Metonymie als „Wort für Wort“ (161) oder Wort an Wort. Für beide formuliert Lacan eine Funktionsgleichung:

$$\text{Metonymie:}\quad f(S\ldots S')S \cong S(-)s$$

$$\text{Metapher:}\quad f\left(\frac{S'}{S}\right)S \cong S(+)s$$

Das Entscheidende an der Metapher ist, daß bei dieser Operation ein Signifikant durch einen anderen ersetzt wird und das bei dieser Substitution ein Bedeutungseffekt entsteht.

> „Der schöpferische Funke der Metapher entspringt nicht der Vergegenwärtigung zweier Bilder, d.h. zweier gleicherweise aktualisierter Signifikanten. Er entspringt zwischen zwei Signifikanten, deren einer sich dem anderen substituiert hat, indem er dessen Stelle in der Signifikantenkette einnahm, wobei der verdeckte Signifikant gegenwärtig bleibt durch seine (metonymische) Verknüpfung mit dem Rest der Kette.“ (162)

D.h. der Signifikant der den Balken (–) übersprungen hat (symbolisiert durch (+)) und dabei Bedeutung hervorbringt, bleibt Signifikant und fungiert als Signifikat nur, um dann wieder als Signifikant zu operieren. Und zwar sowohl im Bereich der Signifikate als auch durch seine bestimmte Abwesenheit weiterhin im Bereich der Signifikantenkette.

Die Metapher verdrängt also, versteckt, verstellt, wobei das Verdrängte latent präsent bleibt in seiner spezifischen Form der abwesenden Anwesenheit.

Die Metonymie hat ihre wesentlichste Funktion in der Verknüpfung eines

Signifikanten mit einem anderen, wobei der vorhandene Signifikant seine metonymische Funktion nur durch den Hinweis auf einen latenten Signifikanten (S') erfüllen kann, der den Schluß der einen Kette bestimmt, aber auch den Anfang einer anderen.

Entscheidend, und dies kann nicht oft genug wiederholt werden, ist, daß diese Operationen der Signifikanten allererst Sinn oder Bedeutung hervorbringen, und nicht umgekehrt durch einen vorgängigen Sinn konstituiert werden.

> „Kontextualität (der Metonymie bzw. des Syntagmas) wie Äquivalenz (der Metapher bzw. des Paradigmas) basieren nur auf differentiellen Oppositionen, nicht auf realen oder substantiellen Beziehungen, die durch das Signifikat bestimmt würden." (163)

IV.3 DER TRAUM ALS SIGNIFIKANTENKETTE

Lacan hat nun, ähnlich wie Jakobson unter Bezugnahme auf Freud, die rhetorischen Figuren der Metonymie und Metapher in Verbindung gebracht mit den Gesetzmäßigkeiten der Operationen des psychischen Apparates. Sigmund Freud hat die Leistungen des psychischen Apparates beschrieben in der Traumdeutung von 1900, die, und nicht zuletzt Althusser hat darauf insistiert, nicht ein anekdotenhaftes zur Selbstinterpretation von Träumen geeignetes Buch darstellt, sondern ein fundamentales Werk ist, insofern es die grundlegenden Operationen bzw. die grundlegende Struktur unbewußter Vorgänge oder besser: des Unbewußten schlechthin erhellt.

Die Begründung, weshalb sich gerade die Analyse des Traums besonders gut eignet, um zur Erkenntnis der Struktur des Unbewußten zu gelangen – Freud bezeichnet die Traumdeutung als den ‚Königsweg zum Unbewußten' liefert Freud in der ‚Selbstdarstellung' von 1925.

> „Bisher hatte die Psychoanalyse sich nur mit der Auflösung pathologischer Phänomene beschäftigt (...). Der Traum aber, den sie dann in Angriff nahm, war kein krankhaftes Symptom, er war ein Phänomen des gesunden Seelenlebens, konnte sich bei jedem gesunden Menschen ereignen. Wenn der Traum so gebaut ist wie ein Symptom, wenn seine Erklärung die nämlichen Ausnahmen erfordert (...), dann ist die Psychoanalyse nicht mehr eine Hilfswissenschaft der Psychopathologie, dann ist sie vielmehr der Ansatz zu einer neuen und gründlicheren Seelenkunde, die auch für das Verständnis des Normalen unentbehrlich ist." (164)

Bekanntlich hat Freud hervorgehoben, daß Träume immer Wunscherfüllungen, oder in späteren Schriften von ihm modifiziert, Träume immer Versuche von Wunscherfüllungen darstellen.

Ganz deutlich wird diese Funktion in den Kinderträumen aber auch in bestimmten einfach gebauten Träumen der Erwachsenen.

Träumt z.B. der Schläfer, an einer Quelle sitzend das köstliche Naß zu trinken, so muß der Traum als Reaktion auf ein physiologisches Bedürfnis oder ein Vorkommnis des Vortages interpretiert werden, nämlich als real existierender Durst. Der Träumer antizipiert die Befriedigung des Bedürfnisses im Traum, der so gestaltet, als ein ‚Wächter des Schlafes' erscheint, weil ja der

Schlafende die Befriedigung des Bedürfnisses vollzogen hat ohne aufzuwachen.

Bei komplizierten Träumen ist diese Funktion des Traumes nicht so leicht zu finden und wird sich erst im Laufe der Analyse durch das Verfahren der sog. ‚freien Assoziation' herausschälen lassen.

Dennoch konstatiert Freud:

> „Der Traum ist die (verkleidete) Erfüllung eines (unterdrückten, verdrängten) Wunsches." (165)

Wichtig ist nun, daß Freud eine fundamentale Unterscheidung getroffen hat, nämlich den *manifesten Trauminhalt* von den *(latenten) Traumgedanken* zu scheiden.

Der manifeste Trauminhalt, derjenige Teil des Traums der bewußtseinsfähig wurde, ist in der Regel „knapp, armselig, lakonisch" (166) im Vergleich zu den Traumgedanken, die bei der Analyse hervorgebracht werden.

Den Prozeß, der die Traumgedanken in den manifesten Trauminhalt verwandelt, nennt Freud die *Traumarbeit*. Ihr hat die volle Aufmerksamkeit zu gelten.

> „Traumgedanken und Trauminhalt liegen uns vor wie zwei Darstellungen desselben Inhalts in zwei verschiedenen Sprachen, oder besser gesagt, der Trauminhalt erscheint als eine Übertragung der Traumgedanken in eine andere Ausdrucksweise, ..." (167)

Bevor wir uns den Leistungen der Traumarbeit zuwenden, sei noch kurz darauf eingegangen, weshalb gerade im Schlafzustand sich verdrängte unbewußte Wünsche Geltung verschaffen können. Die Antwort setzt nämlich voraus, daß soetwas wie eine Sperre, eine Zensurinstanz vorhanden sein muß, die im Schlafzustand eine Lockerung erfährt.

In der ‚Revision der Traumlehre' von 1932 identifiziert Freud diese Zensurinstanz mit der des Über-Ich.

> „Wie Sie hören werden, haben wir uns genötigt gesehen, im Seelenleben eine besondere kritisierende Instanz anzunehmen, die wir das Über-Ich heißen. Indem wir nun auch die Traumzensur als eine Leistung dieser Instanz erkannten, wurden wir angeleitet, den Anteil des Über-Ichs an der Traumbildung näher zu beachten." (168)

Das Über-Ich kann selbst als Erreger einer Traumbildung im Traum hervortreten, vor allem in den Strafträumen, die als Entgegnung auf einen unbewußten Wunsch zu deuten sind, somit der Straftraum als Substitut eines Wunsches im manifesten Trauminhalt erscheint. Doch wenden wir uns den Leistungen der Traumarbeit zu.

Der Wunsch zu schlafen, sich also von den Einflüssen der Außenwelt abzuwenden, zieht zwei Konsequenzen für den psychischen Apparat nach sich.

Erstens wird die Zensurinstanz gelockert und zweitens können im psychischen Apparat ‚ältere und primitivere' Arbeitsweisen hervortreten, einen Prozeß, den Freud als *Regression* bezeichnet.

Die Herabsetzung der Zensur, des Verdrängungswiderstandes ist die Bedingung der Möglichkeit zur Traumbildung, als Traumerreger fungieren in der Regel Vorkommnisse aus dem Wachzustand des Vortages.

> „Der Traum beschäftigt sich niemals mit Dingen, die uns nicht auch bei Tag zu

beschäftigen würdig sind, um Kleinigkeiten, die uns bei Tag nicht anfechten, vermögen es auch nicht, uns im Schlaf zu verfolgen.“ (169)

Wichtig ist in diesem Zusammenhang, daß der so entstehende Traum bereits eine *Kompromißbildung* darstellt, insofern als erstens der Traum der Beibehaltung des Schlafzustandes dient, also die Erledigung schlafstörender Reize vollzieht – Freud nennt dies die ichgerechte Funktion des Traums – und zweitens einer verdrängten Triebregung die Möglichkeit zur Befriedigung gibt „in Form einer halluzinatorischen Wunscherfüllung“. (170)

Die Leistung der Traumarbeit bringt nun allererst den manifesten Trauminhalt hervor, indem sie die Traumgedanken einer Bearbeitung unterwirft. Die Leistungen der Traumarbeit lassen sich nun wesentlich auf zwei Prozesse reduzieren, die Freud als *Verdichtung* und *Verschiebung* bezeichnet hat.

Die Operation der Verdichtung läßt sich kurz beschreiben als eine *Überdeterminierung* eines Elements des Trauminhalts durch die Elemente der Traumgedanken; soll heißen, daß ein Element des Trauminhalts nicht von einem Element der Traumgedanken abstammt, sondern von mehreren, wobei diese Elemente untereinander durchaus differenter, nicht vereinbarer Natur sein können.

Andererseits konstatiert Freud:

„Die Analyse deckt aber noch eine andere Seite der zusammengesetzten Beziehungen zwischen Trauminhalt und Traumgedanken auf. So wie von jedem Traumelement Verbindungen zu mehreren Traumgedanken führen, so ist auch in der Regel ein Traumgedanke durch mehr als ein Traumelement vertreten; die Assoziationsfäden konvergieren nicht einfach von den Traumgedanken zum Trauminhalt, sondern durchkreuzen und durchweben sich vielfach unterwegs.“ (171)

Die Operation der Verschiebung wird von Freud als das geeignetste Mittel angesehen, die Zensurinstanz zu überwinden oder besser zu umgehen. Im Trauminhalt erscheinen auf Grund dieser Operation die Bestandteile als besonders wichtig und dominant, die in den Traumgedanken eine unwesentliche Rolle spielen und umgekehrt. Diese ‚Umwertung der psychischen Wertigkeiten‘ trägt dafür Sorge, daß der Traum anders zentriert ist, d.h. „sein Inhalt um andere Elemente als Mittelpunkt geordnet (ist) als die Traumgedanken“. (172)

Nach dieser **‚primären Bearbeitung‘** der Traumgedanken durch die Traumarbeit können (müssen aber nicht) die Traumgedanken noch eine weitere Bearbeitung erfahren. Von Freud wird sie die **‚sekundäre Bearbeitung‘** genannt; und zwar gewinnt diese Form der Bearbeitung Bedeutung, nachdem der Traum bewußtseinsfähig geworden ist.

„Wir behandeln ihn dann so, wie wir überhaupt gewohnt sind, unsere Wahrnehmungsinhalte zu behandeln, suchen Lücken auszufüllen, Zusammenhänge einzufügen, setzen uns dabei oft genug groben Mißverständnissen aus.“ (173)

Diesen Vorgang beschreibt Freud als die Nötigung der Traumarbeit *‚Rücksicht auf die Darstellbarkeit‘* des Trauminhalts zu nehmen.

Ich möchte noch kurz auf ein Mißverständnis eingehen, welchem man in vielen ‚wissenschaftlichen‘ Publikationen in bezug auf die Entschlüsselung des Traums begegnet. Es wird nämlich allzuoft konstatiert, daß man das ‚Wesen‘

des Traums erblickt, wenn man vom manifesten Trauminhalt zu den latenten Traumgedanken ‚herabgestiegen' sei, selbige gedeutet hätte. Dazu schreibt Freud unmißverständlich:

> „Sie (Freud meint Analytiker, wie sie oben beschrieben sind) suchen das Wesen des Traums in diesem latenten Inhalt und übersehen dabei den Unterschied zwischen Traumgedanken und Traumarbeit. Der Traum ist im Grunde nichts anderes als eine besondere Form unseres Denkens, die durch die Bedingung des Schlafzustandes ermöglicht wird. Die *Traumarbeit* ist es, die diese Form herstellt, und sie allein ist das Wesentliche am Traum, die Erklärung seiner Besonderheit." (174)

Die Traumgedanken stellen also eher das Material der Traumarbeit dar und sie können nicht mit dem Unbewußten schlechthin identifiziert werden, dessen man habhaft werden könne. Somit ist der manifeste Trauminhalt auch nicht das Abbild eines (wesenhaften) Urbildes, denn:

> „In den bestgedeuteten Träumen muß man oft eine Stelle im Dunkeln lassen, weil man bei der Deutung merkt, daß dort ein Knäuel von Traumgedanken anhebt, der sich nicht entwirren will, aber auch zum Trauminhalt keine weiteren Beiträge geliefert hat. Dies ist dann der Nabel des Traums, die Stelle, an der er dem Unerkannten aufsitzt." (175)

„Den Nabel des Traums' wird Lacan später das Reale nennen; etwas was wir nie erreichen werden, was uns aber dennoch strukturiert.

Wenn die Analyse des Traums den Königsweg (via regia) zur Kenntnis des Unbewußten darstellt und dabei die Leistungen der Traumarbeit herausarbeitet werden als Leistungen des Unbewußten, dann erscheint der bewußtseinsfähig gewordene Trauminhalt als Effekt einer vorgängigen Struktur, nämlich den Operationen des Unbewußten; **das Bewußtseinsfähige als Effekt der unbewußten Operationen!**

Lacan nun wird nichts anderes machen, als die Operationen des Unbewußten, die Verdichtung/Verschiebung wie Freud sie beschrieben hat mit den bereits beschriebenen linguistischen bzw. rhetorischen Begriffen in Verbindung bringen, Begriffen die Freud gefehlt haben, um den Gegenstand seiner Analyse adäquat theoretisch fassen zu können.

Für Lacan ist der manifeste Trauminhalt nichts anderes als eine Signifikanten-Kette, die auf immer neue Signifikantenketten verweist, ein endloser Prozeß, zum Nabel des Traums, wie Freud sagen würde. Endlos deshalb, weil man des Unbewußten als Substanz nie habhaft werden kann, denn das Unbewußte äußert sich immer schon als entstellt, nämlich verschoben/verdichtet.

Lediglich zutiefst ideologische Konzeptionen, die immer auf die Bildung bipolarer Evidenzen gerichtet sind – hier bewußt versus unbewußt – können suggerieren, daß man des Unbewußten habhaft werden kann. Somit das Bewußtsein als zentrale Instanz im psychischen Apparat installieren, letztlich das autonome Subjekt bürgerlich-humanistischer Ideologie in Szene setzen. Denn worum es letztlich hierbei geht – und wir werden näher darauf eingehen, wenn wir uns wieder den ideologietheoretischen Überlegungen zuwenden – ist, um Horkheimer/Adorno zu folgen, das Bemühen Inkommensurables kommensurabel zu machen.

Doch kehren wir zu Lacan zurück, dem es um es noch einmal deutlich hervorzuheben, ebenfalls um die Destruktion des „soziologischen Gedichts vom autonomen Ich“ (176) geht.

Als Ausgangspunkt für die Lacansche Relektüre der Traumdeutung in bezug auf die hier zur Diskussion stehende Problematik können folgende Äußerungen Freuds aus der Traumdeutung angesehen werden. Freud konstatiert dort, daß der manifeste Trauminhalt vorliegt als Bilderrätsel, als Rebus.

> „Die richtige Beurteilung des Rebus ergibt sich offenbar erst dann, wenn ich gegen das Ganze und die Einzelheiten desselben keine solchen Einsprüche erhebe, sondern mich bemühe, jedes Bild durch eine Silbe oder ein Wort zu ersetzen, das nach irgendwelcher Beziehung durch das Bild darstellbar ist. Die Worte, die sich so zusammenfinden, sind nicht mehr sinnlos, sondern können den schönsten und sinnreichsten Dichterspruch abgeben. Ein solches Bilderrätsel ist nun der Traum, ...“ (177)

Die Relektüre Freuds durch Lacan kann nun im engeren Sinne des Wortes als ‚wörtlich‘ bezeichnet werden, insofern die Elemente im manifesten Trauminhalt fungieren als Signifikanten, die durch die Beziehung der Einzelelemente untereinander (Verschiebung/Verdichtung) auf einen neuen, anderen Sinn verweisen, auf eine neue Signifikantenkette, die wiederum auf eine neue Signifikantenkette verweist usw.

Die **Verdichtung** faßt Lacan nun als metaphorischen Effekt, als **Metapher**, also einen Substitutionsvorgang, einer Übereinanderschichtung von Bildern/ Vorstellungen, während die **Verschiebung** für Lacan eine **metonymische Bewegung** darstellt, also einem Verkettungs- und Kombinationsprinzip gehorcht.

> „Die Entstellung, im Französischen transposition, in der Freud die allgemeine Vorbedingung der Traumfunktion aufzeigt, ist, was wir weiter oben mit Saussure als Gleiten des Signifikats unter dem Signifikanten bezeichnet haben, das im Diskurs immer (auf, wohlgemerkt, unbewußte Weise) wirksam ist.
> Es finden sich hier aber beide Abhänge der Einwirkungen des Signifikanten.
> Die Verdichtung, im Französischen condensation, meint die Überbelastungsstruktur des Signifikanten, in der die Metapher ihr Feld einnimmt, (...).
> Die Verschiebung, im Französischen deplacement, was dem deutschen Ausdruck näherkommt, ist dieses Umstellen der Bedeutung, das die Metonymie zeigt ...“ (178)

Vor diesem Hintergrund sollte nun endgültig deutlich geworden sein, wieso Lacan seine berühmt gewordene These, von der *sprachlichen Strukturierung des Unbewußten vertreten konnte*.

Er gelangt somit zu einer Ablehnung aller Definitionen oder Ahnungen des Unbewußten, die in das Unbewußte den Sitz wilder Triebe, animalischer Wünsche, das Instinktive, Archetypen, das nicht Domestizierte, kurz eine kleine Hölle projizierten, die es ja nach politischer oder analytischer Einstellung zu befreien oder zu unterdrücken gilt.

> „Es hilft nichts, man wird sich dazu entschließen müssen. Das Unbewußte ist nicht das Ursprüngliche oder das Instinktive, und an Elementarem enthält es nur die Elemente des Signifikanten.“ (179)

IV.4 ERSTE ZUSAMMENFASSUNG

> *„Den meisten philosophisch Gebildeten ist die Idee eines Psychischen, daß nicht bewußt ist, so unfaßbar, daß sie ihnen absurd und durch bloße Logik abweisbar erscheint,"* Freud: *Jenseits des Lustprinzip.*

An dieser Stelle möchte ich kurz einhalten, um zu einer ersten Zusammenfassung zu gelangen oder besser: um die Konsequenzen aus dem bisher Gesagten zu ziehen. Dies vor allem deshalb, weil wir im darauffolgenden Abschnitt auf die relevanten Ansätze Freuds/Lacans einzugehen haben, die tiefergehende Einsichten in die Struktur und Funktionsweise des Ideologischen geben können, vor allem in bezug auf den von Althusser beschriebenen ‚Subjekt-Effekt': der doppelten Spiegelung, der Funktion des Imaginären usw.

Zum einen sollte deutlich geworden sein, daß sich sowohl Freud als auch Lacan bemühen, zu einer differenzierten Erkenntnis der Struktur des Subjekts zu gelangen, insofern beide die Vorstellung des bewußtseinszentrierten Subjektbegriffs – als Herr über sich selbst – durch die Offenlegung der Instanz des ‚Unbewußten' doch erheblich zu relativieren wissen. Wir haben uns im Vorhergehenden bemüht, einen ersten Zugang zum Begriff des Unbewußten zu verschaffen, den es weiter zu füllen gilt. Dies gelang uns, indem wir einen Umweg über die Erkenntnisse der strukturalen Linguistik machten und zu einer Auffassung des Unbewußten gelangten, die als Absage an alle Definitionen des Unbewußten angesehen werden muß, die in seinem Wesen den Ort amorpher Triebe, das Instinktive oder Animalische vermutet hatten; denn das Unbewußte enthält an Elementarem lediglich die Operationen der Signifikanten. Damit sind wir gleichzeitig verwiesen auf die von Lacan hervorgehobene Bedeutung der Sprache für die Konstitution des Subjekts. Dazu ein paar Vorbemerkungen.

Zuallererst sollte man sich bei der Lektüre Lacans immer vor Augen halten, daß Lacan Psychoanalytiker ist, sein Erkenntnisinteresse sich also wesentlich auf den psychoanalytischen Prozeß richtet.

Lacan hat nun den Psychoanalytikern seinerseits vorgeworfen, das Wesentliche der Freudschen Erkenntnisse beiseitegedrängt und die Psychoanalyse zu einer reinen Technik verkommen gelassen zu haben, die für ihn lediglich das Leben der Individuen in der Form des amerikanischen ‚way of life' garantiere.

> „Wir halten also die Vorbehalte, denen die Psychoanalyse im Osten begegnet für gerechtfertigt. An ihr lag es, diese Vorbehalte zu entkräften, ..." (180)

Lacans Bemühungen, die wesentlichsten Begriffe Freuds vor Verwässerung zu bewahren, bewegen sich wesentlich auf theoretischer Ebene, auf der er, wie gesehen, mit Begriffen der strukturalen Linguistik arbeitet, die Freud nicht zur Verfügung standen. Die strukturale Linguistik, bemüht, die Struktur der Sprache als System herauszuarbeiten, ist vor allem für Lacan deshalb von besonderem Interesse, weil sich ja der gesamte psychoanalytische Prozeß über Sprache vermittelt.

Wir werden späterhin sehen, wie Lacan die Konstitution des ICH – von Freud in seinem Spätwerk wesentlich mit der Instanz des Bewußtseins identifiziert – an die Funktion der Sprache bindet.

Wir hatten im Vorhergehenden herausgearbeitet, daß die aktuelle Rede des sprechenden Subjekts als Signifikantenkette zu denken ist, die sich durch eine Mehrdimensionalität auszeichnet, also immer die Möglichkeit in sich birgt, alles andere damit zu bezeichnen als das, was gerade gesagt wurde. ‚Unterhalb' des aktuellen Diskurses des sprechenden Subjekts läuft also ein zweiter, dritter Diskurs, der im Lapsus, Witz, Versprechen oder im Unterbrechen des Redeflusses in den aktuellen Diskurs einbricht. Dieser aktuelle Diskurs wird von Lacan nun als **leeres Sprechen** bezeichnet, eben weil sich der ‚verdrängte' Diskurs lediglich punktuell manifestieren kann. Diesem ‚verdrängten' Diskurs Geltung zu verschaffen, das **volle Sprechen** zu ermöglichen, ist nach Lacan die Aufgabe des psychoanalytischen Prozesses.

Doch die Erkenntnis der Struktur der Mehrdimensionalität der Signifikantenkette macht noch eine andere fundamentale Unterscheidung notwendig. Es ist nämlich zu unterscheiden zwischen dem *Subjekt des Äußerungsaktes (Aussagens)* und dem *Subjekt der Äußerung*.

Denn das Subjekt des Aussagens, das sich im aktuellen Diskurs als ICH setzen will und diesen Prozeß vollzieht, sich also seiner selbst vergewissert, seine Identität findet, ist bereits ein Subjekt der Äußerung, das Subjekt der Sprache des Syntagmas, also bereits ein kulturelles Produkt.

> „Indem es sich mit dem Subjekt der Äußerung gleichsetze, hat das Subjekt des Äußerungsaktes bereits seine Subjektivität verloren; die Sprache hat es zum Gefangenen einer Andersheit gemacht, mit der es sich identifizieren muß, um sich zu konstituieren, aber aus der es sich nun nicht mehr befreien vermag." (181)

Eco müßte m.E. an dieser Stelle präziser formulieren. Es geht nämlich nicht darum, daß das Subjekt einer ursprünglichen Subjektivität verlustig würde, sondern gerade darum, daß das Subjekt seine Subjektivität und Identität im aktuellen Diskurs realisiert; diese Subjektivität, Selbstvergewisserung in der aktuellen Rede somit erstens immer schon gesellschaftliches Produkt ist, und zweitens da die aktuelle Rede sich immer schon als verschobene und verdichtete materialisiert, das Subjekt in dieser Rede, wie Gallas formuliert, eine Identität, ein Selbstbewußtsein vortäuschen muß, über das es in Wirklichkeit gar nicht verfügt. Das Subjekt in der aktuellen Rede kann sich seiner Identität immer nur in der Verkennung dieser Mechanismen habhaft werden. Und damit wird die Identität immer als nicht substantielle, auf Verkennung beruhende hervorgebracht. Damit ist angedeutet, daß das Ich, das Selbstbewußtsein als Bewußtsein seiner selbst, immer schon auf etwas anderes verwiesen ist und zwar in seiner Konstitution und Reproduktion, in diesem Zusammenhang das andere die Sprache ist; als gesellschaftliches Produkt, das einer bestimmten Ordnung unterliegt.

Und es ist angedeutet, daß diese Identität eine zumindest nicht einheitliche ist, wenn man bedenkt, welch unterschiedliche diskursive Formationen eine Gesellschaft durchziehen und des weiteren die Mehrdimensionalität einer Signifikantenkette und deren metonymisches Bewegungsgesetz im Blick behält.

In dieser Hinsicht kann das Subjekt als das ‚Subjekt des Diskurses' erscheinen, insofern es von verschiedenen materiell verankerten Diskurstypen in bestimmten Apparaten (im Althusserschen Sinne) gezwungen wird, sich als ICH zu setzen und in diesen Diskursen als Subjekt angerufen wird, wobei in der Anerkennung dieses Subjektstatus bereits die Unterwerfung vollzogen ist. Somit kann R. Barthes in seiner berühmt gewordenen Antrittsvorlesung am College de France die Sprache als ‚faschistisch' beschreiben; obwohl ich denke, daß der Begriff ‚faschistisch' selbst mit etwas mehr Zurückhaltung zu verwenden ist, weil er m.E. eine andere Materialität beschreibt, trifft Barthes das Entscheidende.

> „Doch die Sprache als Performance aller Rede ist weder reaktionär noch progressiv; sie ist ganz einfach faschistisch; denn Faschismus heißt nicht am Sagen hindern, er heißt, zu Sagen zwingen. Sobald sie hervorgebracht, und sei es im tiefsten Innern des Subjekts, tritt die Sprache in den Dienst einer Macht." (182)

Das Sprechen, Reden und vor allem einen Diskurs führen, d.h. einem spezialisiert-institutionalisierten Redetypus zu folgen, ist denn auch für Barthes nicht Kommunikation, sondern wesentlich Unterwerfung. (183)

Damit sind wir in diesem Zusammenhang im Rahmen ideologietheoretischer Überlegungen verwiesen auf eine relativ junge Wissenschaftsdisziplin, die Diskursanalyse, insofern sie untersucht, wie bestimmte Diskurse aufgebaut sind, wie selbige ein Gegenstandsfeld hervorbringen, in welchen Apparaten sie manifest werden und wie sie die Individuen qua Anrufung in Subjekte transformieren. (184)

V. DAS ICH IN DER PSYCHOANALYSE FREUDS UND DIE NEUINTERPRETATION DURCH LACAN

V.1 VORBEMERKUNG

Um die Analyse der Subjektkonstitution, wie sie von Lacan gedacht wird, voranzutreiben, und um zu einer weiteren Klärung der zentralen Begrifflichkeiten, die der Althusserschen Ideologietheorie zugrunde liegen, zu gelangen, sind wir verwiesen auf einen zentralen Gedankengang Lacans, um den sich im Grunde seine ganzen weiteren theoretischen Bemühungen gruppieren. Es handelt sich um die Theorie des ‚Spiegelstadiums', also um die Theorie der Konstitution des ICH.

Um die Tragweite dieser Bemühungen zu ermessen, sei nochmals darauf verwiesen, daß sich die Bemühungen Lacans wesentlich gegen zwei theoretisch-praktische Strömungen innerhalb der Psychoanalyse und Philosophie richten. Sie richten sich gegen die bürgerlich-humanistisch philosophische Tradition, die in ihrer Grundkonzeption immer von einem einheitlichen ICH, oftmals identifiziert mit dem Bewußtsein als Zentrum des ‚Menschen' ausgehen muß, um das autonome bürgerliche Subjekt in Szene setzen zu können.

Desweiteren aber – und dies wurde im vorhergehenden bereits angedeutet – wenden sich Lacans Anstrengungen ebenfalls gegen eine psychoanalytisch-therapeutische Praxis, der sog. Ich-Psychologie, die, beflügelt durch eine reduktionistische Interpretation des berühmten Freudschen Satzes ‚Wo ES war, soll ICH werden', die psychoanalytische Kur reduzieren auf eine Technik der reinen Ich-Stärkung. Einer Ich-Stärkung, die es dem ICH ermöglichen soll, einen Sieg im Kampf um die Vorherrschaft im psychischen Apparat gegen die Abhängigkeiten des ES und des ÜBER-ICH-davonzutragen.

Lacan wird nun zeigen können, daß sich dieser ‚Sieg', nämlich der Versuch, das ICH als das Zentrum des Subjekts zu setzen, als das Subjekt des Selbstbewußtseins, der Selbstvergewisserung, letztlich als das Subjekt des Signifikats (das ja, wie wir gesehen hatten als Effekt der Signifikantenoperationen zu denken ist und das Individuum sich als Subjekt des Signifikats nur denken kann in der Verkennung der Signifikantenoperationen), daß also dieser verzweifelte Versuch, auf ein ICH des Selbstbewußtseins, als Bewußtsein seiner selbst, zu insistieren, als ein Pyrrussieg herausstellt.

Denn, und darauf beharrt Lacan entschieden; das ICH ist in sich gespalten und das Beharren auf der Identität des ICH in der psychoanalytischen Kur vergrößert das Leiden der Individuen, indem es eine nicht mehr zu steigernde Aggressivität hervorbringt. Ferner impliziert diese Technik die politische Konsequenz, die Betroffenen lediglich an die Verhältnisse zu gewöhnen, die ihr Leiden verursacht haben. D.h. die kulturrevolutionären Implikationen der Freudschen Theorie (nicht umsonst war Freud nach Marx derjenige, dessen Bücher von den Faschisten zuerst verbrannt wurden) zu einer Technik zur Erhaltung des Status Quo verkommen zu lassen.

Bevor wir uns allerdings dem ‚Spiegelstadium' zuwenden, sei noch in aller Kürze auf die ICH-Konzeption bei Freud eingegangen. (185)

V.2 ZUM ICH-BEGRIFF BEI FREUD

Freud hat den Begriff des ICH in vielerlei Hinsicht benutzt und mit verschiedenen Vorgängen oder Begrifflichkeiten in Verbindung gebracht. (Ich-Libido, Ich-Trieb, Ich-Spaltung ...)

Die Entwicklung des Ich-Begriffs bei Freud in alle Verästelungen nachzuzeichnen, kann hier nicht intendiert sein, insofern dieses kurze Kapitel lediglich die Absicht verfolgt, die Differenzen in der Konzeption des Ich zwischen Freud und Lacan zu verdeutlichen. Ganz allgemein können wir sagen, daß Freud im Verlauf seiner theoretischen Bemühungen zwei Topiken des psychischen Apparats entworfen hat.

Die erste Topik entsteht im Anschluß an den ‚Entwurf einer Psychologie' von 1895, die direkte Vorarbeit zur 1900 erschienen ‚Traumdeutung'; die zweite Topik nach der berühmten Wende von 1920 in ‚Das Ich und das Es' von 1923.

Die erste Topik ist als ‚Topographisches Modell', die zweite als ‚Strukturmodell' in die Literatur eingegangen.

Im topographischen Modell hatte Freud den psychischen Apparat wesentlich durch drei Systeme oder Leistungen zu beschreiben versucht: das *Unbewußte,* das *Vorbewußte,* das *Bewußtsein*; im späteren Strukturmodell kennzeichnet Freud die psychischen Instanzen als *ES, ICH* und *ÜBER-ICH*.

Im ‚Entwurf' denkt Freud das psychische System – inspiriert durch naturwissenschaftliche Erkenntnisse – wesentlich als eine Organisation von Neuronen, wobei dem ICH die Funktion zufällt, als eine Art Speicher von Energie zu operieren, als ein System ständiger Energiebesetzung, dessen Hauptfunktion in der **Hemmung** und **Abwehr** besteht, ein System also, das in der Lage ist, Wahrnehmungen oder Erinnerungsbilder mit zusätzlicher Energie zu versorgen oder aber abzuziehen.

Das was Hemmung oder Abwehr meint, verdeutlicht Freud am Beispiel des Schmerzes, der als Einbruch großer Energie oder Erregung über die Sinnesorgane in den psychischen Apparat gedacht wird; dabei entstehen Erinnerungsbilder oder Erinnerungsspuren. Wird dieses Erinnerungsbild wieder reaktiviert, z.B. durch erneute Wahrnehmung oder erneutes Erinnern, entsteht sofort Affektabfuhr, neue Erregungsenergie und damit ‚Unlust'.

Die Funktion des ICH besteht nun gerade darin, diese Unlustproduktion zu verhindern; dies kann entweder durch die Abwehr des Erinnerungsbildes erfolgen, soll heißen, daß das Erinnerungsbild nicht besetzt wird (PRIMÄR-VORGANG) oder geschieht vermittels der Hemmung der Affektabfuhr durch Schwächung oder rechtzeitige Ablenkung der Erregungsübertragung (Sekundärvorgang), so daß das Erinnerungsbild ein Weniger an Unlust produziert.

Geschieht dies öfter, tendiert die Unlust gegen Null. Somit wäre die Abwehr des Erinnerungsbildes das, was Freud als ‚Verdrängung' bezeichnet, insofern keine ‚kontrollierte' Affektabfuhr qua Hemmung gewährleistet ist, das Erinnerungsbild also vollständig abgedrängt werden muß. (186)

Die Hemmung ermöglicht aber Realitätsprüfung, Wahrnehmung, Denken und Gedächtnis. Damit – und dies ließe sich zusammenfassend für das ICH-Konzept Freuds im ‚Entwurf' sagen – obliegt dem ICH also wesentlich das, was man als Realitätsprüfung bezeichnen könnte; es kommt ihm also wesentlich gebieterische und verbieterische Funktion zu.

Im topographischen Modell selbst taucht nun der Begriff des ICH nicht auf. Dennoch kann die Instanz des *Vorbewußten* mit dem ICH des ‚Entwurfs' identifiziert werden, sowohl in Hinsicht auf seine psychische Lokalität als auch Funktion. Der einzige Unterschied besteht darin, daß das Vorbewußte lediglich der Ort ist, an dem der Sekundärvorgang sich vollzieht; also nicht durch das Vorbewußte eingeleitet wird, wie das ICH im ‚Entwurf'.

Hatte Freud in allen seinen Schriften bis zum Erscheinen von ‚Das Ich und Das Es' darauf insistiert, daß der größte Teil unseres Denkens unbewußt bleibt (187), so können wir im Hinblick auf die hier zur Diskussion stehende Problematik sagen, daß es Freud in ‚Das Ich und das Es' wesentlich daran gelegen ist, die Abhängigkeiten des ICH von den anderen Instanzen des psychischen Apparates hervorzuheben; somit letztlich zu einer Konzeption zu gelangen, die als Absage an einen ICH und Bewußtsein zentrierten Subjektbegriff gelesen werden muß. Das ICH ist nämlich nicht ‚Herr in seinem eigenen Haus'; es steht in ständigem Konflikt zum ES und zum ÜBER-ICH oder genauer: das ICH ist lediglich ein besonderer Teil des ES.
In ‚Das Ich und das Es' schreibt Freud:

> „Wir haben uns die Vorstellung von einer zusammenhängenden Person gebildet und heißen diese das ICH derselben. An diesem ICH hängt das Bewußtsein, es beherrscht die Zugänge zur Motalität, das ist: zur Abfuhr der Erregungen in die Außenwelt; es ist diejenige seelische Instanz, welche eine Kontrolle überall ihre Partialvorgänge ausübt, welche zur Nachtzeit schlafen geht und dann immer noch die Traumsensur handhabt. Von diesem ICH gehen auch die Verdrängungen aus, ... (188)

In der Analyse nun entdeckt Freud, daß der Widerstand gegen die Bewußtwerdung des Verdrängten ebenfalls eine Leistung des ICH darstellt. Aber – und dies ist das Entscheidende – er entdeckt, daß Teile des ICH selbst unbewußt sind.

> „..., so stehen wir vor einer unvorhergesehenen Situation. Wir haben im ICH selbst etwas gefunden, was auch unbewußt ist, sich gerade so benimmt wie das Verdrängte, das heißt starke Wirkungen äußert, ohne selbst bewußt zu werden, und dessen Bewußtmachung es eine besondere Arbeit bedarf." (189)

Vor diesem Hintergrund erscheint das Ich nun als derjenige Teil des ES, der durch den direkten Einfluß der Außenwelt über das System W (Wahrnehmung) entstanden ist, somit als besonderer Teil des ES.

Das Verhältnis von ES und ICH bestimmt Freud an einem kleinen Beispiel:

> „Es (das ICH; U.R.) gleicht so im Verhältnis zum ES dem Reiter, der die überlegene Kraft des Pferdes zügeln soll, mit dem Unterschied, daß der Reiter dies mit eigenen Kräften versucht, das ICH mit geborgten. Dieses Gleichnis trägt ein Stück weiter. Wie dem Reiter, will er sich nicht vom Pferd trennen, oft nichts anderes übrig bleibt, als es dahin zu führen, wohin es gehen will, so pflegt auch das ICH den Willen des ES in Handlung umzusetzen, als ob es die eigene wäre." (190)

Damit wäre das ICH in Freuds Konzeption wesentlich eine Instanz, die sich aus ES- und Realitätsansprüchen, also aus einer konflikthaften Struktur konstituiert hat, wobei das ICH als Statthalter der Realitätsansprüche **erscheint**.

Aber Freud warnt:

> „Wäre das ICH nur der durch den Einfluß des Wahrnehmungssystems modifizierte Anteil des ES, der Vertreter der realen Außenwelt, im Seelischen, so hätten wir es mit einem einfachen Sachverhalt zu tun." (191)

Es kommt nämlich für die ohnehin schon relativierte Dominanz des ICH im psychischen Apparat eine weitere, dem uneingeschränkten Walten des ICH hinderliche Instanz hinzu: Das ICH-Ideal auch ÜBER-ICH genannt. Hervorgegamgen aus der konfliktuellen Ödipussituation, durch erste Objektwahlen des ES bei gleichzeitigen Reaktionsbildungen gegen dieselben, repräsentiert das ICH-IDEAL das, was gemeinhin als ‚Gewissen' bezeichnet wird, also eine verbieterische und zensurierende Instanz.

> „Das ICH-IDEAL ist also der Erbe des Ödipuskomplexes und somit Ausdruck der mächtigsten Regungen und wichtigsten Libidoschicksale des ES. Durch seine Aufrichtung hat sich das ICH des Ödipuskomplexes bemächtigt und gleichzeitig sich selbst dem ES unterworfen. Während das ICH wesentlich Repräsentant der Außenwelt, der Realität ist, tritt ihm das ÜBERICH als Anwalt der Innenwelt, des ES gegenüber." (192)

Für Lacan nun ist das Ich nicht Produkt einer Reihe von Identifizierungen des ES mit der Außenwelt, sondern es bedarf zu seiner Konstitution eines Spiegels, es ist ein imaginäres Produkt.

V.3 DAS SPIEGELSTADIUM BEI LACAN

> *„In gewisser Art geht's den Menschen wie der Ware. Da er weder mit einem Spiegel auf die Welt kommt, noch als Fichtescher Philosoph: Ich bin ich, bespiegelt sich der Mensch zuerst in einem anderen Menschen. Erst durch die Beziehung auf den Menschen Paul als seinesgleichen bezieht sich der Mensch Peter auf sich selbst als Mensch. Damit gilt ihm aber auch der Paul mit Haut und Haaren, in seiner paulinischen Leiblichkeit, als Erscheinungsform des Genus Mensch."*
> *Marx, MEW 23, S. 67.*

Die Theorie des ‚Spiegelstadiums' hat Lacan bereits in den 30er Jahren entworfen, allerdings haben seine Ausführungen eine ÜBerarbeitung und Maniffestation gefunden in einem Vortrag am 17. Juli 1949 aus Anlaß des 16. Kongresses für Psychoanalyse in Zürich. Der Vortrag ist überschrieben mit dem Titel: ‚Das Spiegelstadium als Bildner der ICH-Funktion wie sie uns in der psychoanalytischen Erfahrung erscheint.' (193) Dieser relativ kurze und kompakte Text findet an fast allen Stellen in Lacans Werk weitere Erläuterung. Vor allem in den Seminaren Lacans von 1953/54 (194) und 1954/55. (195)

Der empirisch beobachtbare Ausgangspunkt Lacans ist ein relativ banaler, er entnimmt ihn der vergleichenden Psychologie:

> „Das Menschenjunge erkennt auf einer Altersstufe von kurzer, aber durchaus merklicher Dauer, während der es vom Schimpansenjungen an motorischer Intelligenz übertroffen wird, im Spiegel bereits sein Bild als solches. Dieses Erkennen wird signalisiert durch die illuminative Mimik des Aha-Erlebnisses, in dem – als einem wichtigen Augenblick des Intelligenzaktes – sich nach Köhler die Wahrnehmung der Situation ausdrückt." (196)

Die Reaktion des kleinen Menschenkindes beschreibt Lacan als ‚jubilatorische Aufnahme' des Spiegelbildes, verbunden mit dem Bemühen des Kindes, das labile Bild im Spiegel zu fixieren.

Entscheidend ist, daß das Menschenkind zu diesem Zeitpunkt (6 – 18 Monate), bedingt durch die Frühzeitigkeit seiner Geburt, angewiesen ist auf fremde Hilfe, in seiner Motorik noch nicht entwickelt ist, somit seine Bewegungen nicht adäquat zu koordinieren weiß. Insofern ein **Mangelwesen**. Den psychischen Zustand des Kleinkindes vor dem Spiegelstadium beschreibt Lacan in Anschluß an Melanie Klein als die Unmöglichkeit, den Körper als Einheit zu empfinden, d.h. er beschreibt ihn als Erfahrung des **zerstückelten Körpers**.

> „Dieser zerstückelte Körper, dessen Begriff ich ebenfalls in unser System theoretischer Bezüge eingeführt habe, zeigt sich regelmäßig in den Träumen, wenn die Analyse auf einer bestimmten Ebene aggressiver Desintegration des Individuums stößt." (197)

Dieser zerstückelte Körper, dieses uneinheitliche Wesen findet nun im Spiegelbild (es muß nicht ein Spiegel sein, sondern diese Funktion kann auch die Mutter übernehmen), in Form des Bildes im Spiegel seine erste Erfahrung von Einheit, Identität. Entscheidend ist nun, daß die identifikatorische Beziehung des Kindes zu seinem Spiegelbild eine wahnhafte, illusionäre Einheitserfahrung produziert.

Dies aus zwei Gründen:
Zum einen nimmt das Auge eine Identitätserfahrung vorweg, die real auf der motorischen Ebene noch gar nicht existiert; d.h. es handelt sich um eine antizipatorische Identität, die die Unzulänglichkeit des Kleinkindes auf illusionäre Weise überspringt, aber nicht aufhebt. Somit ist die erste Identität auch ständig bedroht, sie ist wie Weber sagt, lediglich die Negation der Erfahrung des zerstückelten Körpers und nicht deren Aufhebung. (198)

Illusionär zum zweiten auch deshalb, weil diese Einheitserfahrung sich über etwas anderes konstituiert hat, nämlich über ein Spiegelbild, welches darüber hinaus subtil anders ist, nämlich seitenverkehrt.

Diese strukturelle Abhängigkeit vom Spiegelbild, die allererst ein erstes ICH hervorbringt, auch **Ideal-Ich** genannt, verdeutlicht also nicht nur eine Erkenntnisfunktion, besser: Anerkennungs-Wiedererkennungsfunktion, sondern legt gleichzeitig den **Verkennungsprozeß** offen. Soll heißen, daß das ‚Subjekt' sich seiner Identität auch späterhin nur habhaft werden kann, unter Verkennung der strukturellen Abhängigkeit vom anderen und dessen Heterogenität. Dies wird einsichtig werden, wenn wir uns mit Lacans Begehrenstheorie auseinandergesetzt haben, die ebenfalls eng mit dem Spiegelstadium in Verbindung steht, insofern sich das Begehren auch über einen anderen, also über eine Spiegelrelation in Szene setzen wird.

Doch kommen wir auf die Struktur des Spiegelstadiums zurück, das in einem entwicklungsgeschichtlichen Zeitraum sich realisiert, in dem das Kleinkind noch nicht über die Fähigkeit zu sprechen verfügt.

Die jubilatorische Aufnahme des Spiegelbildes durch das Kind wird nun, so Lacan

> „... in einer exemplarischen Situation, die symbolische Matrix darstellen, an der das ICH (je) in einer ursprünglichen Form sich niederschlägt, bevor es sich objektiviert in der Dialektik der Identifikation mit dem anderen und bevor ihm die Sprache im allgemeinen die Funktion des Subjekts wiedergibt." (199)

Entscheidend an der Struktur des Spiegelstadiums ist – Weber hat dies eindringlich betont –, daß es einen Repräsentationsvorgang beschreibt, der sich deutlich abhebt von dem gängigen Subjekt-Objekt-Verhältnis, bei dem das Subjekt instrumentell des Objekts habhaft zu werden versucht.

Insofern nämlich als hier ein Repräsentationsvorgang zugrundeliegt, bei dem das Bild, das Repräsentierende das Repräsentierte allererst hervorbringt. Das Spiegelbild bringt allererst Identität, ein erste ‚Subjekt' hervor. (200)

Dieses vorsprachliche, durch narzistische Identifikation charakterisierte Funktion nennt Lacan das Imaginäre, eine Funktion, wo sich das Subjekt als Subjekt, als Einheit imaginiert, genau dort, wo es nicht ist.

Aus Gründen der Darstellbarkeit sind wir gezwungen, die Funktionen des Imaginären, Symbolischen und Realen analytisch voneinander zu trennen und sie als gesonderte zu beschreiben versuchen. Es sei aber bereits hier darauf verwiesen, daß z.B. das Symbolische das Imaginäre überlagert bzw. beide Funktionen sich gegenseitig bedingen. Ferner daß es sich beim Imaginären nicht wesentlich um ein entwicklungsgeschichtliches Stadium handelt, sondern um eine Struktur, eine **Funktion**, die nie erlöschen wird, auch wenn die jubilatorische Aufnahme des Spiegelbildes durch das Kind nach ca. 18 Monaten nicht mehr zu beobachten ist.

Wir hatten gesagt, daß der zerstückelte Körper seine Einheit im Bild des anderen, des Spiegels findet. Was heißt dies für den Begriff des Subjekts bzw. Ichs?

Dazu Lacan:

> „Ich habe sie Halt machen lassen in dem Moment, wo ich ihnen zeigte, daß dies Subjekt, kurz gesagt, niemand ist. Das Subjekt ist niemand. Es ist zerlegt, zerstückelt. Und es blockiert sich, es wird angezogen von dem zugleich täuschenden und realisierten Bild des anderen oder überhaupt von seinem Spiegelbild. Da findet es seine Einheit.“ (201)

Das Subjekt ist also nichts Präexistentes, es **konstituiert** sein erstes Einheitsgefühl, sein Ideal-ICH auf Grund einer doppelten Spiegelung, die es als Subjekt allererst in Szene setzt.

Um in linguistischen Termini zu sprechen, es imaginiert sich als Subjekt des Signifikats, welches sich mit sich selbst identisch dünkt. Es ist ein imaginäres Produkt und wird es fortan immer bleiben und sich – wir werden darauf näher eingehen – beim Eintritt in die Symbolische Ordnung, die Sprache, im aktuellen Diskurs oder in seinen Handlungen als Subjekt des Signifikats wiedererkennen wollen und müssen auf Grund einer Struktur, wie sie das Spiegelstadium in einer ‚exemplarischen Situation‘ vorgegeben hat.

Das Subjekt wird aber nie das Subjekt des Signifikats werden können, ein Subjekt das fixiert ist, sondern wie Lacan sagt, sich diesem Imago nur asymptotisch nähern können. Dies vor allem deshalb – und das sollten die Überlegungen zur Struktur der Sprache deutlich gemacht haben –, weil eben das Signifikat ständig unter den Signifikanten gleitet; eben nicht präexistent, feststehend ist, sondern Effekt differentieller Signifikantenoperationen, die das Signifikat ständig auflösen und weitertreiben.

Insofern ist das Imaginäre eine „restringierte Artikulationsform“ (202), weil es sich nur aufrechterhalten und konstituieren kann über die Verkennung eben dieser Signifikantenoperationen, gefangen ist im Prozeß gegenseitiger Bespiegelung. Andererseits ist das Imaginäre nun nicht bloß Unfug, Illusion im Sinne von falsch, sondern wird im Zusammenspiel mit dem Symbolischen eine unerläßliche Funktion übernehmen, insofern es eine der Bedingungen ist, damit die Individuen überhaupt handeln, ein Verhältnis zu ihren Existenzbedingungen herstellen können.

Diese letzten Äußerungen beziehen sich allerdings schon auf ein Stadium, in das die Sprache bereits Einzug gehalten hat, sich Imaginäres und Symbolisches aufeinander beziehen.

In dem Kapitel ‚Eine materialistische Definition des Bewußtseinsphänomens' (203) verdeutlicht Lacan die imaginäre Struktur an mehreren Beispielen. Das Bewußtseinsphänomen beschreibt er dort folgendermaßen:

> „Ich bitte Sie zu beachten – (...) –, daß das Bewußtsein sich jedesmal produziert, wenn – (...) – eine Oberfläche gegeben ist dergestalt, daß sie das produzieren kann, was man ein Bild nennt. Das ist eine Materialistische Definition." (204)

D.h. wenn so etwas wie ein Spiegeleffekt eintritt, denn „alle möglichen Dinge in der Welt verhalten sich wie Spiegel". (205)

Um die Struktur des Imaginären zu verdeutlichen, benutzt Lacan das Bild zweier Maschinen A und B; die eine im Besitz einer Einheit, eine ‚fertige' Maschine, die andere unkoordiniert, eine ‚unfertige' Maschine, eine Nicht-Maschine.

Konstruiert sei der Fall, die unfertige Maschine – vielleicht durch eine photoelektrische Zelle – würde beim Anblick der fertigen Maschine ihre Funktion aufnehmen, selbst eine fertige Maschine werden. Dies würde der dualen, imaginären Struktur sehr nahe kommen.

Dennoch drängen sich einige Fragen in bezug auf dies Modell auf: Man muß sich fragen, woher bekommt eigentlich die eine Maschine ihre ‚Einheit', wenn wir nicht davon ausgehen, daß sie so vom Himmel gefallen ist. Und warum kann Lacan sagen, daß sich diese Maschinen zerstören würden, wenn sie auf der Ebene des Imaginären verharren würden. Wieso bedeutet das Beharren auf einer imaginären Struktur den Tod, oder schafft zumindest ein Klima nicht zu steigernder Aggressivität.

Wieso muß die Symbolische Ordnung, die Sprache in diese dyadische Beziehung eingreifen?
Denn so Lacan:

> „Das Subjekt setzt sich als operant, als menschlich, als Ich von dem Moment an, da das symbolische Systen auftaucht." (206)

Um die aufgeworfenen Fragen beantworten zu können und um den dynamischen Aspekt des Spiegelstadiums zu verstehen, ist es unumgänglich, einen zentralen Begriff Lacans einzuführen, den des *BEGEHRENS*.

V.3.1 DAS BEGEHREN

Das Begehren entspringt ebenfalls einem realen physiologischen Mangel. Das Kleinkind vor dem Spiegelstadium verfügt über ein anarchistisches, chaotisches Erleben, das nicht strukturiert ist und nicht manifest werden kann. Lacan:

> „Die Anarchie seiner elementaren Triebe ist uns durch die analytische Erfahrung bewiesen." (207)

„Bewußt' wird sich das Kleinkind seines Begehrens im anderen:

> „Also das Subjekt wird sich seines Begehrens im anderen bewußt, durch die Vermitt-

lung des Bildes des anderen, das ihm das Phantom seiner eigenen Herrschaft gibt." (208)

Dieses andere stellt in bürgerlich-patriarchalischer Gesellschaft in der Regel die Mutter dar, die das Kleinkind nährt und pflegt. Das Kleinkind identifiziert sich mit dem ***Objekt des Begehrens der Mutter*** , ein Begehren, das selbst sehr kompliziert ist und sich – das muß das Kind späterhin erfahren – auf etwas Drittes richtet.

Das Kind will also der Mutter alles sein, eine narzißtische, durch doppelte Spiegelung in einer dyadischen Struktur hervorgebrachte Identifikation konstituieren und beibehalten, eine Struktur, in der es seine erste Einheit findet.

Dies kann allerdings nur gelingen, wenn der Mutter ebenfalls ein Mangel ausgefüllt wird, ein Mangel (Phallus), der nur ausgefüllt wird, wenn das Kind der Mutter Phallus sein kann, über den sie selbst nicht verfügt.

Der Phallus ist nicht der Penis, sondern symbolisiert einen Mangel, eine Leerstelle, ein Nichts.

Das Begehren wird also, wenn die Sprache nicht ins Spiel kommt, nur im anderen gesehen; somit ein entfremdetes Begehren, projiziert im anderen, denn das Kind ist nur Einheit, durch die Anwesenheit des anderen, wie die Struktur des Spiegelstadiums deutlich gemacht haben sollte.

„Die Spannung, die es erzeugt, ist dann jeden Auswegs beraubt. Das heißt, sie hat keinen anderen Ausweg – wie Hegel uns lehrt – als die Zerstörung des anderen." (209)

Ein Fakt, welches jeder Verhaltenspsychologie zu bestätigen weiß, wenn das Objekt des Begehrens des Kindes – z.B. die mütterliche Brust – von einem anderen Kind ‚besetzt' ist. Es entsteht eine ‚verheerende, losgelassene Eifersucht'.

Doch kehren wir zu dem im Zusammenhang mit Lacans Maschinenbeispiel aufgeworfenen Problem zurück.

Woher kommt eigentlich die ‚einheitliche' Maschine ihre Einheit, und ist die Mutter eigentlich mit sich identisch? Und was bedeutet dies für die vermeintlich dyadische imaginäre Spiegelstruktur?

Die Mutter als **Funktion** bestimmt sich durch ihre Stellung innerhalb der Symbolischen Ordnung, die sie als Mutter definiert und eben nicht als Verkäuferin, Professorin oder dergleichen. Diese Funktion wird konstituiert durch eine Vielzahl familiarer, verwandtschaftlicher, religiöser, **herr**schaftlicher Beziehungen und Ideologien. Durch die Vielzahl dieser Zuweisungen bezieht die Mutter als Funktion ihre ‚Einheit', sie erhält einen ‚Platz' in der Symbolischen Ordnung.

Als Person, Subjekt ist die Mutter selbstverständlich nicht einheitlich, weil dieser Einheitseffekt, Subjekteffekt selbst ein imaginäres Produkt ist; die Einheit der Person ‚Mutter' sich durch die Signifikantenoperationen ständig auflöst und herstellt, einem metonymischen Bewegungsgesetz unterworfen ist. Insofern richtet sich das mütterliche Begehren eben auch nicht nur auf das Kind, sondern auf ein Drittes. Dieser Dritte, als Funktion, nicht als Person, repräsentiert in bürgerlich-patriarchalischer Gesellschaft und Familie der Vater.

Die Mutter will Objekt des Begehrens des Vaters sein, ihm Phallus sein, weil sie denken muß, daß er den Phallus hat.

Der Vater bricht in die dyadische Beziehung zwischen Mutter und Kind ein, eine Phase, die als ödipale in die psychoanalytische Literatur eingegangen ist. Der Vater, um dies noch einmal zu betonen, ist nicht der reale Vater als Person, sondern erscheint als Funktion dessen, auf das man sich bezieht, nämlich auf eine Ordnung, auf ein Gesetz.

Das Kleinkind muß nun anerkennen, daß es nicht in der Lage ist, das mütterliche Begehren zu befriedigen, dieses sich auf ein drittes richtet. Insofern erscheint das Gesetz, die durch den Vater repräsentierte Ordnung, eine ***väterliche Ordnung, zuerst am Ort der Mutter***, vermittelt über das Begehren der Mutter. Der Vater trennt das Kind von der Mutter, unterbricht die imaginäre Beziehung zwischen Mutter und Kind, ein Prozeß der ***symbolischen Kastration***, Kastration der ersten phantastisch-imaginären Ich- und Einheitsvorstellungen.

Der Vater wird trennende, verbietende Instanz; er scheidet das Kind vom Phallus. Das Kind muß auf seine ersten Identifikationen verzichten, nämlich Phallus zu sein, d.h. Objekt des Begehrens der Mutter und sein Begehren auf anderes richten.

Der Vater erscheint also als derjenige, der den Phallus hat, ihn geben oder verweigern kann, der die Macht hat, das Kind vom Phallus zu unterscheiden; der Vater wird zum Repräsentanten des Rechts, der Ordnung, als derjenige, der das Kind in die Symbolische Ordnung, die Sprache einführt; eine Sprache, die in der ödipalen Phase um den Phallus, als **den** Signifikanten zentriert ist.

> „Insignie des Vaters, des Rechts, des Gesetzes phantasmatisches Bild jeglichen Rechts, – (das) mag uns erstaunlich oder willkürlich erscheinen, doch alle Psychoanalytiker bestätigen es als eine Erfahrungstatsache.“ (210)

Diesem Prozeß, also die Einführung in die menschliche Ordnung, mißt Lacan denn auch nicht wesentlich Erkenntnisfunktion bei, sondern betont die *Anerkennungsfunktion*, oder, um mit Althusser zu sprechen, die *Unterwerfungsfunktion*.

In der Symbolischen Ordnung wird dem Kind der Platz eines ‚Kindes‘ zugewiesen, eben als ein Wesen, das nicht das gleiche Recht hat wie der Vater oder die Mutter, aber dennoch gezwungen ist, sich mit ihnen zu identifizieren.

Das männliche Wesen hat zu akzeptieren, daß es nicht das gleiche Recht hat wie der Vater, als Besitzer der Mutter, und muß sich mit ihm identifizieren, um später einmal selbst ‚Vater‘ sein zu können.

Das kleine Mädchen muß akzeptieren, daß es nicht das gleiche Recht hat wie die Mutter, akzeptiert aber, indem es das tut, und dies ist sehr wichtig, **zweierlei**:

> „..., daß es nämlich erstens nicht dasselbe Recht (Phallus) wie sein Vater hat, da seine Mutter es (den Phallus) auch nicht hat, obgleich sie eine Frau ist, und gleichzeitig akzeptiert es, daß es nicht dasselbe Recht wie seine Mutter hat, das heißt, daß es noch nicht eine Frau wie seine Mutter ist. Als Gegenleistung empfängt es ein kleines Recht: das des kleinen Mädchens, und die Versprechen eines großen Rechts, des vollen

> Rechts einer Frau, wenn es erwachsen sein wird, wenn es zu wachsen weiß, indem es das Gesetz der menschlichen Ordnung akzeptiert, das heißt, sich ihm unterwirft, um es, wenn nötig, zu mißachten, indem es nicht so ‚gut' seine Suppe ißt." (211)

Das erste imaginäre ICH hat sich den Anforderungen der menschlichen Ordnung zu unterwerfen, sie anzuerkennen. Es entsteht ein zweites ICH, das mit der (un)Möglichkeit verhaftet ist, den Erfordernissen des Gesetzes, der Ordnung gerecht zu werden; ein Ich, welches man in dieser Ambivalenz als realitätskontrollierendes ICH bezeichnen könnte, ein ICH, welches sich auf Grund einer Struktur konstituiert, wie es das Spiegelstadium in Szene gesetzt hat.

Denn:

> „Das Ich, das ist ein Objekt, das wie eine Zwiebel gebaut ist, man könnte es pellen und man fände die aufeinanderfolgenden Identifikationen, die es konstituiert haben." (212)

Das Ich konstituiert sich also in Auseinandersetzung mit der Außenwelt, allerdings in Auseinandersetzung mit einer Ordnung, die präexistent und strukturiert ist; womit sich diese Auseinanderstzung wesentlich nur als Anerkennung realisieren kann, als ein Prozeß, bei dem das Ich-Ideal, welches sich nur auf der symbolischen Ebene situieren kann, hervorgebracht wird. Die Ich-Ideal-Konstitution denkt Lacan als einen Vorgang der Introjektion, ein Vorgang, der sich beschreiben ließe als die Errichtung einer psychischen Instanz, die vormals lediglich außen war, wo – um ein Beispiel zu nennen – der Vater zur Instanz des Über-Ich wird.

> „ Auf dieser Ebene hat das Subjekt seine Wünsche anzuerkennen und ihnen Anerkennung zu verschaffen. Und wenn sie nicht anerkannt werden, so sind sie als solche untersagt und an dieser Stelle beginnt in der Tat die Verdrängung." (213)

Es entsteht das Unbewußte. Dieses enthält u.a. die Phantasien der ersten Ich-Gewißheit, der ausschließlich imaginären Beziehung. Schon Freud hatte geschrieben: „Die Entwicklung des Ichs besteht in der Entfernung vom primären Narzißmus und erzeugt ein intensives Streben, diesen wiederzugewinnen." (214)

Das Ich-Ideal kann sich nun allerdings auf der Ebene des Ideal-Ichs vermischen. Als Beispiel verwendet Lacan den Zustand der Verliebtheit.

> „Das Ich-Ideal kann sich, als ein sprechendes, in der Welt der Objekte auf der Ebene des Ideal-Ichs, das heißt auf einer Ebene situieren, wo sich jene narzißtische Verhaftung einstellt, mit der uns Freud den ganzen Text lang in den Ohren liegt.
> (...) Anders gesagt, wenn man verliebt ist, ist man närrisch, wie der Volksmund sagt." (215)

Denn Verliebtheit, vielleicht sogar die Liebe, zeichnet sich wesentlich dadurch aus, daß sie auf der imaginären Ebene angesiedelt ist und in diesem Zustand nicht so sehr das andere geliebt wird, sondern das eigene Ich, wie es sich auf der imaginären Ebene realisiert hat.

Da dieser Zustand, wie wir wissen, nun nicht das menschliche Dasein dominiert, besteht die Hauptsache des Ideal-Ichs, wir hatten bereits im Zusammenhang mit Freud darauf verwiesen, in seiner gebieterischen und zensurierenden Funktion. Das Ideal-Ich ist der ‚Führer, der das Subjekt kommandiert'.

Wir hatten gesagt, daß beim Eintritt in die Symbolische Ordnung das Unbewußte entsteht. (216) Dieses kann sich nun nur durch die Symbolische Ordnung hindurch manifestieren als ein Einbruch in den Diskurs, im Witz, im Traum oder in den Fehlleistungen. Wir haben dies ausführlich gezeigt.

Resultat dieser Prozessualität ist die ***Spaltung des Ich*** in ein vermeintlich autonomes, bewußtes Ich, das Subjekt des Signifikats und in ein unbewußtes Ich, das Subjekt des Signifikanten.

Da die Signifikantenoperationen das Signifikat, das ‚autonome Subjekt' ständig auflösen, kann sich das Subjekt als Einheit nur imaginiren bei gleichzeitiger Verkennung eben dieser Signifikantenoperationen; Operationen, die wir als Bewegung differentieller Verweisung analysiert hatten.

Lacan versucht diese Bewegung zu fassen in einer für uns ungewöhnlichen Zeitform. Diese Zeitform oder besser Bewegung kommt dem deutschen **Futur II** sehr nahe. Das Subjekt nämlich, das sich in einem bestimmten Moment mit sich identisch denkt, ist immer schon ein gewesenes und werdendes, aber kein feststehendes Seiendes. Es ist in diesem Moment ein Subjekt, welches **gewesen sein wird**.

Das Begehren nun – und dies ist das Entscheidende – sucht demnach nicht nur einen realen körperlichen Mangel auszufüllen, sondern, sobald das Kind in die Symbolische Ordnung eingeführt ist, *einen symbolischen Mangel zu befriedigen, einen Mangel an Sein, an Identität*. Das Begehren erscheint somit als ‚Antriebsfeder' für die Suche nach Einheit und Identität, die das Subjekt niemals vollständig erreichen wird.

Das Begehren gehorcht also einem metonymischen Bewegungsgesetz, es bedarf ständig der Anwesenheit des anderen, eines Spiegels, eines Objekts, an dem sich das Begehren realisieren kann. (217)

Denn jedesmal, wenn im anderen etwas erscheint, das es dem Subjekt erlaubt, sich zu re-projezieren und zu re-komplementieren, kehrt das Begehren im Subjekt wieder. Aber in verbalisierter Form. Die Sprache erfüllt nur eine Funktion, „uns zu vergewissern, das wir sind, und nichts mehr". (218)

Für Lacan ist die Einführung in die Symbolische Ordnung genau der Punkt, an dem sich das Individuum vermenschlicht.

> „Daß ein Name, wie konfus auch immer, eine bestimmte Person bezeichnet, genau darin besteht der Übergang zum menschlichen Zustand. Wenn man definieren soll, in welchem Augenblick der Mensch menschlich wird, so kann man sagen, daß es in dem Augenblick ist, wo er, wenn auch noch so wenig, in die symbolische Beziehung eintritt. Die Symbolische Ordnung, ich habe dies schon unterstrichen, ist ewig. Und nicht einfach deshalb, weil es nötig ist, daß es wirklich immer drei Personen gebe – sie ist ewig dadurch, daß das Symbol ein Drittes einführt, ein Vermittlungselement, das die zwei Personen einander gegenwärtig macht, sie auf eine andere Ebene übergehen läßt und sie modifiziert." (219)

Würde die Symbolische Ordnung, die Sprache als Vermittlungselement – um bei unserem Maschinenbeispiel zu bleiben – nicht in die imaginäre Beziehung der beiden Maschinen eingreifen, eine Beziehung, in der das Begehren lediglich im anderen gesehen wird, sie würden sich vernichten, Vermenschlichung wäre unmöglich. Vermenschlichung ist demnach erst möglich, wenn ein Austausch, ein Austausch von Worten, gewährleistet ist.

„Halten Sie dies fest, daß das Begehren nie anders als unter einer verbalen Form, durch symbolische Benennung reintegriert wird – das ist das, was Freud den sprachlichen Kern des Ego nennt." (220)

Den Begriff der Symbolischen Ordnung benutzt Lacan in Anlehnung an Levi-Strauss, auf den er in vielen Stellen seines Werkes Bezug nimmt.

Levi-Strauss hat die Arbeiten de Saussures voraussetzend, z.B. die Verwandtschaftsbeziehungen sog. ‚primitiver Gesellschaften' untersucht. Dabei denkt Levi-Strauss die Verwandtschaftsbeziehungen als eine Struktur in der die Elemente, nämlich die Individuen, in ein bestimmtes Verhältnis gesetzt werden, ihren **Wert** durch ihre Stellung im Gesamtsystem erhalten. Konstitutiv für die von ihm beschriebene verwandtschaftliche Ordnung ist erstens das omnihistorische Inzestverbot und zweitens ein Tauschgesetz, bei dem der Frauentausch als Vermittlungselement allererst diese Ordnung konstituiert und die Dynamik dieses Systems ermöglicht. Der Tauschbegriff Levi-Strauss hat nun nichts mit dem Marx'schen gemein, insofern Levi-Strauss den Tausch wesentlich denkt als Gabe/Gegengabe und sich zwangsläufig die Frage auftut, ob sich mit diesem Tauschbegriff so etwas wie Herrschaft überhaupt denken läßt, denn der Tausch erscheint bei ihm, zumindest von der Struktur her, als ein egalitärer, der zwei ‚Subjekte' die tauschen, voraussetzt.

Wichtig scheint mit nun zu sein, daß Lacan hervorhebt, daß die Symbolische Ordnung, in der die Individuen ihren Wert, ihren ‚Platz' erhalten, eben durch ihre Stellung innerhalb des Gesamtsystems, dominiert ist von einem Gesetz; also den Herrschaftsaspekt in seine Analysen einbringt, insofern das Eintreten in die Symbolische Ordnung immer auch Anerkennung bzw. Unterwerfung impliziert. Damit läßt Lacan zumindest die Möglichkeit offen, die Identitäten, die sich innerhalb dieser Ordnung realisieren, unter dem Aspekt der Herrschaft zu analysieren.

Denn die Symbolische Ordnung überlagert selbst die imaginäre Beziehung des Spiegelstadiums.

Dazu ein längeres Zitat Lacans:

„In der bloßen Tatsache, daß ich mich in Beziehung auf einen bestimmten Herrn als ein Sohn definiere und daß ich ihn als meinen Vater definiere, liegt etwas, das, so immateriell es erscheinen mag, genauso schwer wiegt, wie die fleischliche Zeugung die uns verbindet. Und, praktisch, in der menschlichen Ordnung wiegt das sogar schwerer. Denn selbst bevor ich fähig wäre, die Wörter Vater und Sohn auszusprechen, und selbst wenn er vertrottelt ist und jene Worte nicht aussprechen kann, definiert uns schon das ganze menschliche System rundum, mit all seinen Konsequenzen, die es mit sich führt, als Vater und Sohn. Die Dialektik vom Ich zum anderen wird also transzendiert, auf eine höhere Ebene lokalisiert, durch die Beziehung zum anderen, durch die bloße Funktion des Sprachsystems, sofern es mehr oder weniger mit dem, was wir die Regel, oder noch besser das Gesetz nennen, identisch, in jedem Fall fundamental verknüpft ist." (221)

Die Überlagerung des Imaginären durch die Symbolische Ordnung ist uns durch viele beobachtbare Verhaltensweisen bekannt; sie manifestiert sich in der Art der Versorgung des Kindes, in der unterschiedlichen Behandlung von männlichen und weiblichen Kleinkindern usw.

Wir hatten schon im vorhergehenden gesagt, daß die imaginäre Struktur fortbesteht, auch wenn das Spiegelstadium selbst beendet ist. Symbolisches und Imaginäres beziehen sich unaufhörlich aufeinander, ohne daß das Imaginäre sich jemals genau situieren ließe.

Verbildlicht und mit linguistischen Termini könnte man das Einwirken des Imaginären auf das Symbolische und umgekehrt folgendermaßen zu beschreiben versuchen:

Das Imaginäre fixiert den differentiellen Prozeß der Signifikanten, ein Prozeß, der das ständige Auflösen und Produzieren der Signifikate ermöglicht. Es wirkt also vertikal, punktuell auf diesen Prozeß ein; d.h. das Imaginäre, die imaginäre Funktion ist einerseits Möglichkeitsbedingung für das Subjekt sich in seinen Verhältnissen zurechtzufinden, eine ‚Identität' aufzubauen, andererseits stellt die imaginäre Funktion den, wie Lacan sagt, *‚Einsatzort wirklicher Macht'* dar.

Dies vor allem deshalb, weil es eben doch eine Identität verspricht, die sich wesentlich als illusionäre konstituiert, und die das Subjekt nie erreichen kann und wird, es sei denn in seinem Tod, von dem wir allerdings nichts wissen können.

VI IDENTITÄT UND SUBJEKTHAFTIGKEIT ALS IDEOLOGISCHER EFFEKT

Ich möchte an dieser Stelle die Betrachtungen zu Lacan vorerst abbrechen und über eine Zusammenfassung auf die Relevanz der Erkenntnisse Lacans für die Wirkungsweise der Ideologie und dessen Produkt, das Subjekt, eingehen. Dabei möchte ich versuchen, die von Lacan strukturell erkannte imaginative Fiktion einer Ich-Einheit zu beziehen auf das bürgerliche Subjekt. D.h. herausarbeiten, welche Folgen und Konsequenzen die erkannte Unmöglichkeit einer in sich geschlossenen Ich-Identität für die Träger gesellschaftlicher Verhältnisse hat, die selbige zwingt, daß man sich als autonome Ich-Identität erlebt, daß man als selbständig handelnder Käufer und Verkäufer, als selbstverantwortlicher Bürger in Erscheinung tritt.

Dies Anliegen scheint mit deshalb besonders angebracht, weil theoretische Diskussionen von marxistisch orientierter Seite zwar immer wieder richtigerweise darauf insistieren, daß das Subjekt, gedacht als Substanz, als präexistentes Wesen, für die Analyse gesellschaftlicher Prozesse als Voraussetzung untauglich ist, andererseits aber folgenden Schwachpunkt nie adäquat überwinden können.

Das Subjekt wird zwar von marxistischer Seite immer als das Ensemble gesellschaftlicher Verhältnisse gedacht, als ein Träger von Strukturen, aber es wird doch nur unzureichend erklärt, was das Individuum, erscheinend an den Schaltstellen von Strukturen, veranlaßt, sich als Subjekt zu fühlen, zu denken und zu handeln. D.h. daß sie nicht nicht, in der Lage sind hinreichend zu erklären, wie das Individuum eben als Träger gesellschaftlicher Verhältnisse agiert; kurz nicht über eine ‚Theorie des Subjekts' verfügen. Somit auch nicht über Begriffe verfügen wie den des Unbewußten, ohne deren Hilfe die Erkenntnis des gelebten Verhältnisses der Individuen zu ihren Existenzbedingungen m.E. unmöglich ist. Die herausragende Bedeutung der Überlegungen Lacans scheint mir darin zu liegen, daß er einen Begriff des Subjekts entwickelt hat, der dem Marxismus eindeutig abgeht.

Lacan kann im Anschluß an Freud – gegen bürgerlich humanistische Ideologie – einen Subjektbegriff vorlegen, der sich auf keine präexistente Substanz beruft; und er kann deutlich machen, daß das Subjekt selbst nicht autonomes Zentrum oder gar selbsterwählter Initiator seines alleinig vom Bewußtsein gesteuerten Verhältnisses zur Welt ist.

Er relativiert somit die Stellung des Bewußtseins, von dem man im Anschluß an die gesamte aufklärerische Tradition meinen könnte, daß selbst der Körper lediglich als bewußtseinsstörende und verunglimpfende Instanz gedacht werden kann. Der Körper badet seine dreckigen Füße im klaren Wasser des Bewußtseins. Lacan führt also einen Diskurs, den man als radikale Kritik an jedem Logozentrismus zu lesen hätte, insofern als das Subjekt, sich selbst denkend und gedacht als mit sich identisch, eine illusionäre, fiktive Funktion ist. Das heißt, daß das Subjekt nicht regiert wird vom klaren Schein des Bewußtseins als Zentrum seiner selbst, als Ort der Selbstreflexion, der Produktionsstätte von Sinn, sondern daß das Bewußtseins selbst als Effekt einer vorgängigen Struktur zu denken ist, der Struktur des Unbewußten, eine Struktur, die z.B. im aktuellen Diskurs in ihrer spezifisch anwesenden Abwesenheit manifest wird und diesen determiniert.

Die Erkenntnis der Struktur des Unbewußten, einen Begriff des Unbewußten produziert zu haben und damit der Psychoanalyse ihren spezifischen Gegenstand zurückerobert zu haben gegen alle psychologisierenden Vereinnahmungen durch andere ‚Wissenschaften', dies scheint mir das besondere Verdienst Lacans zu sein.

Die Notwendigkeit über eine Theorie des Unbewußten zu verfügen, um zu einem angemessenen Verständnis der Wirkungsweise der Ideologie zu gelangen, wird selbst im – sicherlich breiten und in sich heterogen – Umfeld der Kritischen Psychologie gesehen.

So schreibt z.B. Nemitz in einer ‚Notiz zur zweiten Auflage der Theorien über Ideologie' nach der schon beinah als rituell zu bezeichnenden Homage an die Kritische Psychologie:

> „Andererseits sehen wir, daß wir eine Schwäche mit der Kritischen Psychologie gemeinsam haben: Das Fehlen einer Theorie des Unbewußten." (222)

Denn ideologische Effekte wirken zutiefst unbewußt. Vor dem Hintergrund der Ausführungen zu Lacan mag denn auch die These Althussers verständlich werden, nach der die Ideologie ewig ist, eben weil das Unbewußte als Funktion ewig ist. Die Ewigkeit – nicht inhaltliche Gleichheit – des Unbewußten müssen wir nach den ganzen vorangegangenen Überlegungen als Axiom voraussetzen.

VI.1 EINIGE ÜBERLEGUNGEN ZUM VERHÄLTNIS VON MARXISMUS UND PSYCHOANALYSE

Althusser hat nun, um auf der Ebene der Evidenz zu bleiben, die formale Struktur wie sie Lacan in bezug auf die Subjektkonstitution beschrieben hat, in seine Ideologietheorie übernommen. Dies gilt zumindest für den Prozeß des notwendigen Verkennens im Erkennen und den Prozeß der doppelten Spiegelung, den er Bezug auf die SUBJEKT-Subjekt-Spiegelung ausführlich beschrieben hat.

Dabei muß zwangsläufig das Problem auftauchen, inwieweit dies gerechtfertigt ist. Letztlich die Frage, wie verhalten sich Marxismus und Psychoanalyse als zwei verschiedene Wissenschaften mit zwei verschiedenen Gegenständen zueinander.

Wenn wir ganz allgemein davon ausgehen können, daß wissenschaftliche Revolutionen bzw. die Konstitution von wissenschaftlichen Disziplinen nicht von der Genialität einzelner vom Himmel gefallener Subjekte – hier Marx und Freud – hervorgebracht werden, sondern selbst nur auf Grundlage historisch gewordener gesellschaftlicher Strukturen und diskursiver Formationen entstehen (denn: „Man erkennt nur das, was ist" (223)), so können wir in bezug auf den Marxismus und die Psychoanalyse folgendes sagen.

Marx kann das ‚Kapital' nur schreiben und die Erkenntnis der Struktur von Gesellschaftsformationen und deren Veränderung liefern, so banal das klingen mag, vor dem Hintergrund der sich durchsetzenden kapitalistischen Produktionsweise mit all seinen Konsequenzen und vor dem Hintergrund bereits vorliegender ideologisch-‚wissenschaftlicher' Erkenntnisse. Arbeiten wie von Smith oder Ricardo, die er neu zu lesen hat, indem er die Leerstellen, welche konstitutiv für deren Diskurs sind, benennt und ungenannte Voraussetzungen zutage fördert und hinterfragt. Althusser selbst hat diesen Prozeß ausführlich beschrieben. (224) Produkt dieser Anstrengung ist ein Terrainwechsel, die Konstitution eines neuen Terrains, die Hervorbringung des ‚Kontinents Geschichte'.

Die Hervorbringung des theoretischen Gegenstandes der Psychoanalyse, nämlich die Erkenntnis der Struktur des Unbewußten, d.h. die ‚Wirkungen' der „Menschwerdung des kleinen von Menschen geborenen biologischen Wesens" (225), der Prozeß, der aus ‚säugetierartigen Larven' männliche und weibliche Subjekte werden läßt, muß nun ebenfalls an gesellschaftliche Voraussetzungen gebunden werden. Auch wenn die Menschen schon immer eine Ahnung hatten von den Regungen, die ihnen nicht oder nur punktuell bewußt wurden, also eine Ahnung von dem besaßen, was wir das Unbewußte heißen, so denke ich, daß die Etablierung der Psychoanalyse, ja sogar die Zwangsläufigkeit ihrer Etablierung zu binden ist an die gesellschaftliche Durchsetzung des Prinzips, das das atomisierte Subjekt, den ‚vereinzelten Einzelnen' hervorgebracht hat. Also eines Individuums, das nicht mehr in feststrukturierte, z.T. durch Geburt und Stand vorgegebene gesellschaftliche Verhältnisse hineinwächst; hineinwächst in eine ‚bodenständige' historisch gewachsene Ordnung, sondern durch die Etablierung der bürgerlichen Gesellschaft und der damit einhergehenden radikalen Umwälzung der Lebensverhältnisse gezwungen wird, sich als einzelnes atomisiertes Subjekt Zusammenhang, **letztlich Gesellschaftlichkeit allererst herzustellen**. Womit sich auch die ‚Wirkungen' der ‚Menschwerdung' nicht mehr in einem kollektiven Sozialen aufheben lassen, sondern vom atomisierten Subjekt selbst zu tragen sind, was allerdings in zunehmendem Maße als problematisch, ja schlechterdings als unmöglich erfahren werden kann und muß.

Levi-Strauss hat diesen Wandel des Gesellschaftstypus zu fassen versucht, indem er die Gesellschaften unterteilte in *anthropophage* und *anthropoemische*, also Gesellschaften, die die Individuen ‚schlucken' oder aber ‚ausspeien'. Das Verhältnis zwischen Psychoanalyse und Marxismus möchte ich im Anschluß an Tort und über ihn hinausgehend wie folgt bestimmen. (226)

Wenn Marx so etwas wie den Kontinent Geschichte eröffnet hat, dann ist die Psychoanalyse eine Teildisziplin auf dem Kontinent Geschichte. Allerdings nicht Teildisziplin im Sinne eines Verhältnisses von über- und unterordnender Instanz – wie bei Tort nahegelegt –, sondern tatsächlich **Teil einer Disziplin**, die den Kontinent Geschichte hervorbringt. Denn Marxismus und Psychoanalyse haben es beide mit Geschichte zu tun. Zwar einer unterschiedlichen Geschichte, zwei ‚Geschichten', die sich aber dennoch bedingen. Die eine – der historische Materialismus – mit der Geschichte der Gesellschaftsformationen, die andere – die Psychoanalyse – mit der Geschichte, den ‚Wirkungen', der Subjektwerdung, also der Geschichte, die die Individuen jeweils befähigt hat oder auch nicht, als Subjekt in einem gesellschaftlichen Verhältnis zu agieren.

Soll heißen, daß die Psychoanalyse die Struktur des Subjekts als Träger der gesellschaftlichen Verhältnisse und zwar in der Doppeldeutigkeit des Wortes ‚Subjekt' offenlegen kann.

Wichtig scheint mir zu sein, daß die Strukturen nicht in einem zeitgleichen, mechanistisch-kausalen Zusammenhang stehen, wobei die ökonomische Struktur die psychische **linear** strukturiert, sondern von anderen Strukturierungsprozessen durchdrungen werden.

Wie z.B. die ödipale Situation in der der Vater als Träger eines Gesetzes die dyadische Mutter-Kind-Beziehung aufsprengt und dem Kind den Platz einer Tochter oder eines Sohnes zuweist. Also Strukturierungsprozesse, die den Träger-Subjekten in der Regel nicht bewußt sind, sie aber dennoch bzw. gerade als unbewußte nichtsdestotrotz determinieren.

Die Analyse soll nun insofern vorangetrieben werden, als die von Lacan strukturell erkannte Unmöglichkeit einer in sich geschlossenen Identität, der Mangel an Sein, bezogen werden soll auf das bürgerliche Subjekt.

Denn wenn diese Identität und Einheits‚erfahrung' sich wesentlich auf imaginativer Ebene situiert und Althusser die Ideologie faßt als die Repräsentation eines imaginären Verhältnisses der Individuen zu ihren Existenzbedingungen, dann ist m.E. zweierlei zu denken möglich.

1. Die Identität der Subjekte ist ein ideologischer Effekt, weil die Ideologie genau auf der imaginativen Ebene ihren ‚Einsatzort' hat. Sie ‚produziert' Identitäten, ‚befriedigt' den Mangel an Sein.
2. Das Verhältnis der Individuen zu ihren Existenzbedingungen hat sich radikal gewandelt und wandelt sich weiterhin und damit eben auch das imaginäre Verhältnis zu diesen Existenzbedingungen. Damit läßt sich die Frage nach der Identität der Subjekte – eine historisch relativ junge Frage – beziehen auf veränderte gesellschaftliche Voraussetzungen und entgeht damit der Gefahr, eine neue anthropologische Frage aufzuwerfen nach ‚der Identität' schlechthin.

VI.2 DAS ATOMISIERTE SUBJEKT UND DER TENDENZIELLE VERLUST AN ERFAHRUNG

„Die Sucht nach ‚Identität' scheint die tiefste der unbewußten Programmierungen zu sein, so sehr verborgen, daß sie auch der aufmerksamen Reflexion lange entgeht." (227)

Mit der Etablierung der bürgerlichen Gesellschaft und der damit einhergehenden Durchsetzung der kaöitalistischen Produktionsweise haben sich die Lebensverhältnisse der Individuen auf radikale Weise geändert. Die Darstellung dieser radikalen Umwälzung ist in vielfältiger Weise geleistet worden, so daß ich mich hier auf die Beschreibung der für unseren Zusammenhang entscheidenden Faktoren beschränken kann. Ich möchte dabei abheben auf das Erscheinen des atomisierten Subjekts, ein Subjekt, das sich selbst verantwortlich zu sein hat, ‚frei' ist von direkten feudalen Abhängigkeitsverhältnissen, einer bodenständigen sozialen Ordnung entrissen ist.

Diese Freisetzung der Individuen ist natürlich im Zusammenhang zu sehen mit den Emanzipationsbestrebungen der bürgerlichen Klasse gegen die vor allem den Handel beschränkenden feudalen Strukturen. Die massenhafte Freisetzung der Individuen, die Loslösung von Grund und Boden, die Konzentration der Individuen in den Zentren des Warenverkehrs, den Städten, hat nun m.E. eine ganz andere individuelle psychische Disposition zur Folge, die sich herausbildet auf Grundlage einer völlig anderen Wahrnehmungsform.

Dem Zwang der individuellen Reproduktion des Lebens auch individuell nachzukommen, die systematische Zerstörung aller gewachsenen kollektiven Lebenszusammenhänge, korrespondiert der Zwang sich Identität, Selbstvergewisserung ebenfalls individuell allererst herzustellen. Insofern ist die Frage nach der individuellen Identität eine sehr junge Frage, und muß eine weitere Zuspitzung finden, wenn sich die gesellschaftlichen Verhältnisse derart entwickeln, daß das auf sich selbst verwiesene Subjekt, isoliert, fern aller kooperativen Zusammenhänge nicht mehr nur Nebenprodukt, sondern konstitutives Prinzip der hochentwickelten kapitalistischen Länder geworden ist.

Seinen ersten vorläufigen Höhepunkt findet dieses Prinzip in den Wohnsilos der Großstädte, der Subsumbtion der Individuen unter den einzig vom Effektivitätsprinzip durchzogenen Arbeitsprozeß, sei es das Fließband oder in zunehmendem Maße unter die elektronische Technik. Diese Prozesse werden begleitet von dem Zwang zur höchstmöglichen Mobilität, der selbst so etwas wie Familienstrukturen im herkömmlichen Sinne zerstört oder aber nur auf Kosten der Domestizierung der Frau aufrechterhalten werden können.

Die Freiheit der Individuen, Freiheit verstanden als Verfügungsmacht über den Körper, den eigenen Besitz, das eigene Kapital, eine Freiheit, die sich immer in der Alternative entweder – oder bewegt, etwas zu tun oder zu lassen, zu kaufen oder sich zu (ver)kaufen, etwas zu genießen oder sich zu versagen, diese bürgerliche Freiheit gerinnt zunehmend zur neuen Fessel. Ich denke dabei nicht nur an das immer größer werdende Heer von aus dem Produktionsprozeß Ausgeschlossenen.

Ich möchte vielmehr mein Augenmerk auf die Frage richten, wie sich diese Verhältnisse auswirken auf die psychische Struktur der Individuen, letztlich danach fragen, welche Konsequenzen sich daraus für die Identität der Subjekte ergibt. Dabei werde ich folgende – auszuführende – Thesen zur Grundlage nehmen:

1. In bürgerlicher Gesellschaft findet eine Dissoziation von Bewußtem und Unbewußtem statt, eine Dissoziation, die die ehemalige Durchlässigkeit beider Bereiche zunehmend erschwert, was
2. zur Folge hat, daß die Individuen dessen tendenziell verlustig werden, was man Erfahrung nennt.

VI.2.1 CHOCKARTIGE WAHRNEHMUNG UND ERFAHRUNGSVERLUST

Walter Benjamin war m.E. der erste, der sich explizit mit der neuen Wahrnehmungsform der bürgerlichen Individuen auseinandergesetzt hat. Vor allem in den Aufsätzen ‚Erfahrung und Armut' und ‚Über einige Motive bei Baudelaire'. (228)

Stellvertretend für diese neue Wahrnehmungsform entwickelt er den Begriff des **Chocks**. (229)

Benjamin entwickelt diesen Begriff vor dem Hintergrund folgender historischer Umwälzungen: zum einen vor dem Hintergrund der Konzentration der Individuen in den Städten der bürgerlichen Gesellschaft, verbunden mit einer ungeheuren Bevölkerungsexplosion, die das neue Phänomen der Masse hervorbringt; die Masse vereinzelter Individuen, die sich durch die Straßen der Großstädte bewegt.

Zum zweiten vor dem Hintergrund der Erfindung neuer Produktionstechniken, die die Individuen zunehmend zwingen, dem Produktionstempo und der Produktionsform der Maschinen zu folgen. Die Individuen werden tendentiell – wie Marx treffend sagt – zu Anhängseln der Maschine degradiert.

> „Beiden Faktoren, der Masse als Determinante des in ihr als zu bedienender und zu befolgender Mechanik ist gemeinsam, daß die Subjektseite tendenziell zum bloßen Reagens abstrakter Formbestimmtheiten wird." (230)

Gefordert wird von den Individuen eben nicht Übung, Selbstvergewisserung, kollektive Praxis, sondern ‚prompte Merkfähigkeit, Disziplin, Anpassung an funktionale apparative Erfordernisse'. Kurz: reaktives Verhalten, ein Verhalten, das die Individuen zunehmend stumpf werden läßt.

Stumpf deshalb, weil das Bewußtsein einer ständigen Überbesetzung unterliegt, insofern es weitestgehend damit beschäftigt ist, auf es eindringende chockartige Einflüsse abzuwehren, um so etwas wie Angst erst gar nicht entstehen zu lassen bzw. zu mildern oder aber durch bewußte Wiederholung zu beseitigen. Den Gedanken, daß das Bewußtsein als wesentliche Funktion die Chockabwehr leistet, entlehnt Benjamin dem Freud des ‚Jenseits des Lustprinzips', geht aber über ihn hinaus, insofern er die unhistorische Betrachtungsweise Freuds durchbricht, indem er diese vorrangige Bewußtseinstätigkeit bindet an das bürgerliche Subjekt. Benjamin selbst verdeutlicht diese chockartige Wahrnehmungsform an diversen Beispielen, wie dem Autoverkehr als permanentes reaktives Verhalten, weil es gilt, beständig Hindernissen auszuweichen. Als anderes Beispiel verwendet er das der Zeitung:

> „Hätte die Presse es darauf abgesehen, daß der Leser sich ihre Information als einen Teil seiner Erfahrung zu eigen macht, so würde sie ihren Zweck nicht erreichen. Aber ihre Absicht ist eine umgekehrte und wird erreicht. Sie besteht darin, die Ereignisse gegen den Bereich abzudichten, in dem sie die Erfahrung des Lesers betreffen könnten. Die Grundsätze journalistischer Information (Neuigkeit, Kürze, Verständlichkeit und vor allem Zusammenhanglosigkeit der einzelnen Nachrichten untereinander) tragen zu diesem Erfolge ebenso bei wie der Umbruch und wie die Sprachgebarung." (231)

Die Ausführungen bleiben allerdings unvollständig, wenn wir nicht einen weiteren Begriff einführen, der mit der Beschreibung der chockartigen reaktiven Wahrnehmung untrennbar verbunden ist. Es ist der Begriff der **Erfahrung** und der These eines tendenziellen Verlustes an Erfahrung.

Benjamin entwickelt den Erfahrungsbegriff wiederum in Anlehnung an Freud, indem er das Erfahrungsmachen eben nicht als einen vorrangig bewußten Prozeß beschreibt, der sich willentlich in Szene setzt.

Nach Freud nimmt das Bewußtsein selbst keine Erinnerungsspuren auf, sondern übernimmt, wir haben dies bereits erwähnt, wesentlich die Funktion des Reizschutzes. Dennoch existieren Erinnerungsspuren, die uns niemals oder nur selten zu Bewußtsein gelangen und von denen Freud sagt, daß es gerade diese niemals ins Bewußtsein gelangenden Erinnerungsreste sind, die sich als am ‚stärksten und haltbarsten erweisen' und unser Verhalten als nicht bewußte determinieren. Die verdrängten, unbewußten Erinnerungsspuren stehen somit im Gegensatz zur bewußten Intelligenz, insofern diese gerade nicht in der Lage ist, sich der Erfahrung des eigenen gelebten Lebens zu vergewissern. Somit ist für Benjamin das Erfahrungmachen nicht wesentlich ein Akt bewußter Intelligenz, des bewußten Erinnerns (memoire volontaire), sondern erschließt sich erst über die nicht bewußten Erinnerungsspuren (memoire involontaire). Die Anlässe, das memoire involontaire, unbewußte Erinnerungsspuren zu tangieren, hängt wesentlich vom Zufall ab, wie Geruchseindrücken, visuellen Erlebnissen oder Momenten der Reizarmut. Diese Momente lassen die Dissoziation von memoire volontaire und involontaire durchlässig werden, sie bilden Erfahrung.

Doch für Benjamin ist das Erfahrungmachen nicht ein individueller Akt der Selbstvergegenwärtigung der eigenen Kindheitstraumata, sondern Erfahrung wird gebildet im Kollektiv, in kollektiven Praxen, sie ist gebunden an sprachlichen Austausch und somit Weitergabe von ‚lebenspraktisch erworbenen Gedächtnisinhalten'. Dem bürgerlichen Subjekt des 19. Jahrhunderts wird es nun tendenziell verunmöglicht, gerade vor dem Hintergrund hochgradiger Atomisierung und zwanghaft reaktivem Verhalten, historisch-lebenspraktische Gedächtnisinhalte, also Wissen, in kollektiven Formen derart zu gewinnen, daß daraus Erfahrung werden könnte. **Das Wissen des vereinzelten Subjekts gerinnt zum Wissen ohne Basis.**

Die damit einhergehende Konsequenz ist die radikale Dissoziation von Bewußtem und Unbewußtem, die Trennung der memoire volontaire und memoire involontaire.

Die Folge daraus ist, nicht etwa wie die Bewußtseinsphilosophie meint, ein höheres Maß an Bewußtsein, letztlich Erfahrungsreichtum, Herrschaft über die Dinge und sich selbst, sondern ein immer größeres Maß an gesellschaftlicher Unbewußtheit, bis hin zu dem Verlangen alles sich der rationalen (Kapital)Logik nicht fügen wollende, zu verdrängen, letztlich töten zu müssen, „Erfahrung wird tendenziell zur Selbsterfahrung, Reflexion zur Reflexivität, zur Schockabwehr." (232)

Erfahrung wird tendenziell zur Selbsterfahrung, soll heißen, sie bewegt sich in einem zirkulären Bespiegelungsprozeß, der gerade das, was Erfahrung ausmacht, verunmöglicht, eben weil sie kollektive lebenspraktische Selbstvergewisserung verhindert. Auch wenn Benjamin im folgenden Abschnitt auf kultisch-rituelle Formen des Eingedenkens abzielt, mag er selbiges im Auge gehabt haben:

> „Im Zusammenhange mit diesen Betrachtungen (die Schwierigkeit Prousts von seiner eigenen Kindheit Bericht zu geben; U.R.) prägt er (Proust) den Begriff der memoire involontaire. Dieser trägt die Spuren der Situation, aus der heraus er gebildet wurde. *Er gehört zum Inventar der vielfältig isolierten Privatperson.* Wo Erfahrung im strikten Sinne obwaltet, treten im Gedächtnis gewisse Inhalte der individuellen Vergangenheit mit solchen der kollektiven in Konjunktion. Die Kulte mit ihrem Zeremonial, ihren Festen, deren bei Proust wohl nirgends gedacht sein dürfte, führten die Verschmelzung zwischen diesen beiden Materien des Gedächtnisses immer von neuem durch. Sie provozierten das Eingedenken zu bestimmten Zeiten und bleiben Handhaben desselben auf Lebenzeit. Willkürliches und unwillkürliches Eingedenken verlieren so ihre gegenseitige Ausschließlichkeit." (233)

Diese Dissoziation von willkürlichem und unwillkürlichem Eingedenken, zwischen Bewußtem und Unbewußtem ist nun eine ausschließliche geworden. Eben auch deshalb, weil den Individuen kaum noch Möglichkeiten offenstehen zur Reflexion, einer Reflexion, die zumindest zweierlei zur Grundlage haben müßte; zum einen hat Reflexion räumliche und zeitliche Distanz vom täglichen Lebensfluß vonnöten und sie gedarf zum anderen der sozialen Bindung, des Kollektivs.

Die dominante Wahrnehmungsform der bürgerlichen Individuen verhindert nun diese Formen des Erfahrungmachens und strukturiert das psychische Zeitempfinden in eine punktuelle Linearität, was zur Folge hat, daß so etwas wie eine ‚aggressive Wachheit' die Individuen permanent durchzieht, die letztlich nur über den Fernseher oder Alkohol betäubt werden kann, aber hinterrücks nichtsdestotrotz weitergeführt und provoziert wird.

Das bürgerliche Individuum verliert an Erfahrung. Dieser Erfahrungsverlust muß sich steigern bei zunehmender Verfestigung kapitalistischer Produktionsweise und der sie begleitenden und konstituierenden Erscheinungen, wie das der vielschichtig isolierten Privatperson.

Doch täuschen wir uns nicht. Der Armut an Erfahrung korrespondiert das z.T. aggressive Streben selbige (wieder) zu gewinnen. Allerdings auf individueller Ebene, losgelöst von lebenspraktisch-sozialen Bindungen, beschränkt auf das Hier und Jetzt. Das ‚Erfahrungmachen-wollen' gerinnt zunehmend zur punktuellen Befriedigung eines Mangels, eines Mangels an kollektiv erhaltenen Gedächtnisinhalten, eines Mangels an Sinn, letztlich an Identität.

Die Befriedigung dieses Mangels zielt ab auf Authentisches; Ich bin Ich, oder das ist das ganz andere, sie zielt ab auf Originalerlebnisse.

Die Sucht nach Originalerlebnissen läßt sich nun allerdings nicht befriedigen, was den Kapitalismus nicht daran hindert, sie zu schüren und ökonomisch verwertbar zu machen. Aus der Not der Individuen (nämlich der Mangel an Erfahrung und sozialer Bindung) wird eine Tugend gemacht (nämlich der Profit). Die Suche nach Erfahrung, sozialer, kollektiver Selbstvergewisserung, letztlich auch Identität gleicht einer metonymischen Bewegung; eine Bewegung, die nie endet oder abzuschließen ist. Es sei denn in der Imagination oder im Tod.

Ich möchte diesem Gesichtspunkt ein längeres Zitat von Peter Bichsel anschließen, weil er diesen Sachverhalt anschaulich beschreibt und weil sich im Anschluß an diese Ausführungen weitere Gedanken und Konkretisierungen für unseren Zusammenhang anfügen lassen.
Bichsel schreibt:

> „Behauptung: der Mensch, der – auch auf der untersten intellektuellen Stufe – ein reflektierendes Wesen ist, es auch sein kann und will, leidet doch darunter, daß ihn die Reflexion doch daran hindert, original, erstmalig leben zu können. Er sucht das Originalerlebnis. Eine riesige Industrie, die Millionen von Menschen dauernd von einem Land zum anderen, von einem Kontinent zum anderen deportiert – ich meine die Touristikindustrie –, hat sich die Sehnsucht nach dem Originalerlebnis zunutze gemacht. Was sie in ihrer Werbung verspricht, das sind Originalerlebnisse, Abenteuer, Fremdes – also Erstmaliges. Niemand aber, und das ist der Haken, kann z.B. das Matterhorn noch zum ersten Mal und erstmalig sehen. Das Matterhorn ist längst – ohne seine Schuld – zum Kitsch geworden: Es gleicht seinen Abbildern zu sehr. Die Ahs und Ohs der Betrachter sind der erbärmliche Versuch, doch noch auf jenen Emotionsspiegel zu kommen, den man zum voraus von sich erwartet hat. Aber gerade dieses ‚zum Voraus' verhindert das Originalerlebnis. (...)
> Um Mißverständnisse zu vermeiden: ich meine nicht etwa, daß die Unmöglichkeit des Originalerlebnisses etwas mit unserer entfremdeten Zeit, mit Massenmedien und entfremdeter Industriearbeit zu tun hat. *Diese fällt uns unter den gegenwärtigen Umständen vielleicht schneller auf,* aber es handelt sich hier um ein Problem, das die Menschen verfolgt, seit sie Menschen sind, seit sie eine Sprache haben und reflektieren können und müssen." (234)

Was mir entscheidend an diesen Passagen erscheint ist, daß Bichsel – sicherlich auf der beschreibenden Ebene – darauf hinweist, daß die Suche nach dem Originalerlebnis, die Suche einmalig, mit sich und der Umwelt identisch zu sein, eine sehr alte Suche darstellt. Daß aber uns gerade die Unmöglichkeit diese Suche erfolgreich zu beenden, „in unserer Zeit" – wie er schreibt – besonders auffällt.

Wenn man diese sicherlich vagen Äußerungen weiterdenkt und konkretisiert, so sind sie einerseits als Unterstützung der in dieser Arbeit vertretenen These zu lesen, wonach die Suche nach Einmaligkeit, authentischer Erfahrung, Ich-Gewißheit zum Massenproblem wird mit der Hervorbringung des atomisierten Subjekts. Das Erfahrungmachen, Identitätskonstitution und Ich-Gewißheit ist für die Masse vereinzelter Individuen zu einem Problem geworden. Desweiteren denke ich, daß sich mit Benjamin und den illustrierenden Äußerungen Bichsels auch die theoretischen Überlegungen Lacans aus ihrer unhistorischen Betrachtungsweise befreien lassen.

Denn das Insistieren Lacans auf den imaginativ-fiktionalen Charakter der Ich-Identität, gewinnt eigentlich erst vor dem Hintergrund, daß die Individuen sich ihre Identität auch individuell herstellen müssen, an Bedeutung. Insofern nämlich als der von Lacan strukturell erkannte Mangel an Sein, an Identität, einerseits als **Massenerscheinung** selbst Produkt bürgerlicher Gesellschaft ist, und andererseits vom Produkt dieser Gesellschaft dem vereinzelten Einzelnen, auch vereinzelt zu ertragen ist.

Die Ideologien haben nun genau hier ihren Einsatzort. Sie scheinen den Mangel an Sein, an Identität zu ‚befriedigen'.

Ich möchte im Anschluß an die vorhergehenden Überlegungen die These anschließen, daß sich die Ich-Gewißheit und Identität der Individuen in hochkapitalistischen Ländern nun zunehmend auf der imaginären Ebene situiert. Insofern als das Individuum in seinem lebenspraktischen Dasein einer ungeheuren Zerrissenheit **real unterliegt**, somit real eigentlich verschiedenste Identitäten **lebt**, sich aber in dieser lebenspraktischen Zerrissenheit und Isolierung als Zentrum der willentlichen Entscheidung, als ‚Subjekt' nicht nur zu denken hat, sondern auch entsprechend handeln muß. Das Individuum muß sich also ständig wieder vereinheitlichen, sei es als Verkäufer der Ware Arbeitskraft, als selbstverantwortliches Rechtssubjekt.

Soll heißen, daß die ‚Identität' oder ‚Identitäten' der vielfältig isolierten Privatperson insofern zunehmend dazu tendieren, sich auf der imaginären Ebene zu situieren, als sie angewiesen sind auf Imaginationen, Selbstbilder, Wünsche, die jeder realen, durch Erfahrung gewonnenen Basis beraubt sind.

Und damit auch ständig bedroht bleiben. Begleitet von dem Zwang, diese Identitäten beständig neu zu speisen, letztlich sich zu bespiegeln. Diese Struktur schafft im Grunde ein aggressives Klima, insofern alles das, was diese Identität bedroht, ausgeschlossen, verdrängt, letztlich getötet werden muß. Ich werde späterhin auf diese Art der Identitätsfindung näher eingehen.

Wichtig in diesem Zusammenhang scheint mir zu sein – schon damit keine Mißverständnisse auftauchen –, daß die Selbstbilder und Imaginationen nicht dem Subjekt selbst entspringen, sondern gesellschaftlich strukturiert sind. D.h. sie sind Einsatzort realer gesellschaftlicher Macht, Baudrillard spricht vom **gesteuerten Narzißmus**.

VI.3 WIRKUNGSWEISEN IDEOLOGISCHER FORMATIONEN

Die entscheidende Frage wäre jetzt, durch welche Mechanismen es ideologischen Formationen gelingt, die Individuen in ihrer Unterwerfung als ‚autonome', mit sich identische Subjekte zu konstituieren. Also sinnstiftende, vereinheitlichende Funktionen zu erfüllen. D.h. es muß die Frage auftauchen, ob sich Prinzipien herausarbeiten lassen, die über Althussers Anrufungsmodell hinausgehen bzw. es spezifizieren. Letztlich also der Versuch der Beantwortung der Frage näher zu kommen, warum eigentlich verkannt wird und welche Mechanismen den Verkennungsprozeß inszenieren und begünstigen. Dies vor allem vor dem Hintergrund folgender in dieser Arbeit herausgearbeiteter Grundlagen:

1. Bei der Beschäftigung mit Marx hatten wir gesehen, daß die ‚falschen' Vorstellungen der Individuen sehr eng mit ihrer Praxis verknüpft sind. Die ‚falschen' Vorstellungen der Individuen erweisen sich in der gesellschaftlichen Praxis spontan als ‚richtige' Vorstellungen.
2. Ideologien haben immer ein Zentrum.
3. Um dieses Zentrum herum bespiegeln sich die Subjekte, um sich
4. in ihrer Unterwerfung als autonom imaginieren zu können.
5. Ideologien wirken unbewußt.
6. Sie bieten den Individuen eine Identität, Ich-Gewißheit an, die es strukturell nicht geben kann, situieren also deren Identität wesentlich im Bereich des Imaginären.
7. In hochentwickelten kapitalistischen Ländern treffen ideologische Formationen auf ein vielschichtig isoliertes Individuum, das einem tendenziellen Verlust an Erfahrung unterliegt, mit all den daraus hier geschilderten Konsequenzen. (Chockartige Wahrnehmung, Strukturierung der psychischen Wahrnehmung in punktuelle Linearität, Dissoziation von Bewußtem und Unbewußtem.) Ideologien produzieren somit Sinn und Kontinuität.
8. Leisten Ideologien vor dem Hintergrund in sich zerrissener Lebenspraxis der Individuen eine vereinheitlichende Funktion. Sie ‚befriedigen' den Mangel an Sein.

Wir waren im Verlauf der Arbeit zumindest auf zwei allgemeine Effekte ideologischer Formationen gestoßen. Zum einen sollte deutlich geworden sein, daß die Ideologie einen wesentlichen Beitrag zur Reproduktion der Produktionsverhältnisse leisten. Sie ‚sorgen' dafür, daß alles so bleibt, wie es ist und daß die Individuen in Form der Freiwilligkeit diesen Verhältnissen zustimmen. Ideologien transformieren Individuen in Subjekte, in der Doppeldeutigkeit der Wortbedeutung.

Zum zweiten hatten wir gesagt, daß ein wesentlicher Effekt ideologischer Formationen darin besteht, Widersprüchlichkeit zu beseitigen; d.h. Ideologien vereinfachen komplexe, widersprüchliche Verhältnisse. Sie bewegen sich auf der Evidenzebene.

Im folgenden soll es nun darum gehen, weitere Mechanismen ideologischer Formationen herauszuarbeiten. D.h. es soll danach gefragt werden, durch welche Wirkungsweisen es ideologischen Formationen und Ritualen gelingt, eben vor dem Hintergrund der ausführlich geschilderten Subjektdisposition und individuellen Vereinzelung, die Individuen in Subjekte zu transformieren, die in der Form der Freiwilligkeit die Verhältnisse immer neu reproduzieren. Dabei soll auf folgende Mechanismen näher eingegangen werden:

Ideologische Formationen

- beseitigen Widersprüchlichkeit
- schaffen Faszination
- entnennen
- zeichnen sich durch Geschlossenheit aus
- reproduzieren und konstituieren sich über Ausschlußmechanismen
- bewegen sich auf der Evidenzebene
- schaffen imaginäre äußere Feindbilder
- produzieren und reproduzieren Hierarchisierungen
- enthistorisieren
- produzieren bipolare Evidenzen
- und versuchen alles zum Wert zu machen und damit unter ein und dieselbe Ökonomie zu subsumieren – dem Äquivalententausch.

VI.3.1 DIE REPRODUKTION VON FASZINATION BEI DEREN GLEICHZEITIGER BAHNUNG

Als einem wesentlichen Effekt ideologischer Formationen und Rituale soll im folgenden der Produktion von Faszination Beachtung geschenkt werden. Denn sie erscheint mir als ein wesentlicher ideologischer Mechanismus, um den Individuen die Möglichkeit zu geben, sich zu sammeln und zu vereinheitlichen; letztlich sich über Faszination und faszinierende Rituale als Subjekt zu fühlen, allerdings um den Preis manifester Unterwerfung und gesteuerter Subjekthaftigkeit.

Das Gefühl von einer Sache oder einem Ritual fasziniert zu sein, ließe sich beschreiben als totale und perfekte Spiegelung in eben diesem Ritual, einem Gefühl einerseits der Selbstvergessenheit und auf der anderen Seite einem Gefühl vollständiger Einheit und Übereinstimmung mit sich. Es ist die Spiegelung in Perfektion. Ich denke dabei an die Faszination, die die Menschen ergreift beim Anblick von Fußballspielen, beim Rockkonzert, die Faszination, die von bestimmten Produkten der Filmindustrie ausgeht, aber auch denke ich an die Faszination, die z.B. faschistische Massenaufmärsche an sich gehabt haben müssen. Oder auf individueller Ebene: wie erklärt sich die Faszination von Männern beim Zuschauen eines Striptease oder beim Vorstellen eines neuen Automodells.

Die Frage wäre nämlich: Wie entsteht so etwas wie Faszination und weiter gefragt, wie wird in hochkapitalistischen Ländern Faszination produziert und damit gesteuert.

Eine Grundvoraussetzung hat die Produktion von Faszination. Sie muß real oder imaginär einen Mangel ausfüllen. Sollte dieser Mangel den Individuen nicht bewußt sein, so kann er bewußt gemacht und produziert werden. Die Werbung versteht dieses Geschäft bis zur Perfektion. Sie weist ständig auf Mängel hin oder produziert Mängel, die den Individuen als solche nie ein Problem waren.

Der Mangel ist natürlich sofort dann behoben – so daß platte Muster gängiger Werbespots –, wenn das angerufene mangelhafte Individuum zur Erlangung des Produkts schreitet und glaubt, das zu sein – zumindest kurzfristig –, was es nicht ist: nämlich mangelfrei, komplett, mit sich identisch, letztlich Subjekt.

Aber das Spiel beginnt in kurzer Zeit von neuem und der Hinweis auf den Mangel kennt keine Schranken, macht nicht Halt vor Schweißfüßen, Mundgeruch und Fältchen auf der Haut, zu bekämpfen mit Salben, Bädern und Intimsprays. Wie überhaupt der Körper des Individuums zunehmend zur Angriffsfläche der Mangelproduktion wird; natürlich verbunden mit einer ungeheuren Normierungs- und Normalisierungsarbeit und der Produktion imaginärer, gesteuerter Ich-Ideal-Konstellationen.

Doch der Hinweis auf die Techniken der Werbung kann die Produktion von Faszination nicht hinreichend erklären, auch wenn real oder imaginär ein Mangel ausgefüllt wird, das Individuum also in den Stand versetzt wird, sich zu vervollständigen. Denn die Faszination wäre schnell verschwunden, wenn der Mangel befriedigt wäre. Sie wäre nur kurzlebig und punktuell, ohne Kontinuität, sie müßte beständig neu produziert werden, immer ein neues Terrain ansprechen, was allerdings im Kapitalismus beständig gemacht wird. Denn das Subjekt kann die ‚Befriedigung' eines Mangels käuflich erwerben, was dem Profit nicht gerade abträglich ist. Im Gegenteil.

Die objektive Empfänglichkeit, sich auf vielfältige Weise als mangelhaft zu erleben und die Entfachung des Begehrens, eben diesen Mangel ausfüllen zu wollen, besteht m.E. in der Tatsache der vielschichtig isolierten Privatperson. Ein real gesellschaftlicher existierender Mangel, der Mangel an zufriedenstellender sozialer Bindung, Erfahrung und Selbstvergewisserung wird verschoben auf das Subjekt selbst. Also individualisiert und der individuellen Befriedigung anheim gegeben.

Und Baudrillard hat sicherlich recht, wenn er konstatiert, daß wir damit einem ganz neuen Typus des Narzißmus begegnen. Dieser zielt nicht ab auf den primären Narzißmus, auf das Ideal-Ich wie Freud noch konstatiert hatte, als das Streben, die narzißtische Vollkommenheit der Kindheit wiederzuerlangen, sondern dieser Narzißmus zielt ab auf ein produziertes und gesteuertes Ich-Ideal, welches nach Vervollkommnung strebt, beständig neu gespeist werden muß, sich auch verändern kann, um wiederum neu gespeist werden zu müssen.

Das entscheidende scheint mir zu sein, daß es sich um ein gesteuertes Ich-Ideal handelt; um einen gesteuerten Narzißmus, der zunehmend dazu tendiert, durch starre, aber durchaus wechselnde Rituale oder durch Konsum, also Produkte der Warenwelt imaginär ‚befriedigt' werden zu können. Es handelt sich also um ein Ich-Ideal, ein Bild von sich, das ständig der Vervollkommnung bedarf, abzielt auf punktuelle Befriedigung, fern jeder realen Erfahrung situiert ist, somit gesteuert wird und im Grunde der Beliebigkeit preisgegeben wird. Die vielfältigen Spleens und Moden, die rasante Zunahme von Identitäsangeboten sind anschaulicher Reflex dieser Situationen.

Das Ich-Ideal zu speisen, das ständige Wiedererkennen im anderen, kann einerseits natürlich nur gewährleistet sein unter Verkennung und Ausschluß all dessen, was Ich-Ideal bedroht. Eben dies muß verdrängt und ausgeschlossen werden.

Andererseits tendiert dieses Bild von sich, das Ich-Ideal, dazu, beliebig zu werden und unter ein und dieselbe Ordnung subsumiert zu werden, der Ordnung des Werts. Entscheidend ist nämlich im Grunde nur, daß das Individuum **ein** Bild von sich **hat**, letztlich Identität **hat**, eine Identität, die ausgefüllt werden muß.

Wobei natürlich in dieser Gesellschaft einige Identitäten real mehr Wert haben als andere. Z.B. ‚männliche' Identität mehr wert ist als ‚weibliche' Identität, die lediglich als Abziehbild, als komplementär zur männlichen gedacht werden kann.

Im Grunde geht es immer um das **Haben**. Identität haben, Besitz haben, Geld haben ...

Somit gleicht sich auch zunehmend der Bereich der Identität der Subjekte der Ordnung der Ökonomie an. Eine phallische Ordnung. Wir werden auf diesen Punkt näher eingehen. Doch kommen wir auf die Faszination zurück. Festzuahlten bleibt: Faszination entsteht immer dann, wenn real oder imaginär ein Mangel ‚befriedigt' wird. Aber es kommen m.E. weitere Gesichtspunkte hinzu, die das Phänomen der Faszination verständlicher werden lassen. Um Faszination zu reproduzieren, bedarf es erstens der Distanz des Individuums zum Ritual und zweitens entsteht Faszination immer dann, wenn der Gegenstand, die Person oder das Ritual von dem die Faszination ausgeht, sich durch **Geschlossenheit** und **Perfektion** auszeichnet.

Schon bei der Beschäftigung mit Lacans ‚Spiegelstadium' hatten wir gesehen, daß die erste Faszination (jubilatorische Aufnahme) sich über eine Distanz herstellte. Nämlich über das Bild im Spiegel. Diese reale Distanz wurde berücksichtigt durch den Blick. Über das Bild im Spiegel fand das Kind sein erstes Einheitsgefühl. Diese Struktur – nicht das Fakt des ‚Spiegelstadiums' als ‚anthropologische' Konstante – trägt nun m.E. zum besseren Verständnis der Faszinationsproduktion bei.

Denn Faszination stellt sich immer dann ein, wenn eine reale Partizipation des Subjekts am Ritual nicht gegeben ist, es sich aber nichtsdestotrotz in selbigem spiegeln kann. Aber wie gesagt, ohne reale Partizipation am Ritual, lediglich verharrend in einer letztendlich voyeuristischen Haltung.

Wodurch nun muß sich das Ritual auszeichnen, damit es Faszination produzieren kann? Im vorhergehenden wurde gesagt, daß es sich durch Perfektion und innere Geschlossenheit auszuzeichnen hat. Dazu Baudrillard:

> „Was uns fasziniert, ist stets das, was uns durch seine Logik und seine innere Perfektion radikal ausschließt: eine mathematische Formel, ein paranoisches System, eine Steinwüste, ein nutzloser Gegenstand oder ein glatter Körper ohne Öffnungen, vom Spiegel verdoppelt, der perversen Selbstbefriedigung geweiht. Dadurch, daß sich die Striptease-Tänzerin selbst streichelt, durch ihre selbstbefriedigenden Gesten regt sie die Lust am meisten an." (235)

Das von Baudrillard gewählte Beispiel der sich selbst streichelnden Striptease-Tänzerin, die Faszination und Lust produziert, findet seine ‚moderne' Manifestation und Verkonsumierung in den massenhaft entstandenen (und gut besuchten) Peep-shows.

Wie überhaupt alle Rituale, die massenhaft Faszination hervorrufen wie etwa Militärparaden, Fußballspiele oder Rockkonzerte gerade deshalb so faszinierend wirken, weil eine aktive Partizipation des lediglich zuschauenden Subjekts nicht gegeben ist, und weil die Rituale sich durch Perfektion, d.h. durch innere Geschlossenheit und damit letztlich durch eine gewisse **Einfachheit** auszeichnen, zumindest aber durch eine „spielerische Einfachheit'.

„Einfach faszinierend; faszinierend einfach." (Werbespot) Denn gerade die Einfachheit, in der sich z.B. ein technisch hochkomplizierter Computer oder ein aufwendiges Automobil letztlich präsentiert, bietet den idealen Spiegel, der unabdingbar ist, um so etwas wie Faszination produzieren zu können.

Also Mangel, Distanz, Perfektion, innere Geschlossenheit und Einfachheit können als konstitutiv angesehen werden, um Faszination zu produzieren.

Entscheidend in bezug auf die Identitätsbildung der Subjekte, der perfekten Spiegelung über Faszinationsproduktion, scheint mir zu sein, daß sie sich hervorbringt über eine Distanz, überbrückt wird durch den Blick, angesiedelt ist fern jeder realen Partizipation. Diese identifikatorisch-projektive Selbstbespiegelung am faszinierenden Ritual bringt somit Identitäten hervor, die fern aller realen Basis und Erfahrung produziert sind. Es handelt sich um produzierte, gesteuerte und imaginär hervorgebrachte Selbstbilder mit gelenkten Wunschkonstellationen.

Letztlich geht es darum, das eine und in sich identische Subjekt in Szene zu setzen und selbiges beständig zu speisen, alle unbewußten Regungen und alles das starre Subjekt- und Selbstbild Störende aufzulösen in gesteuerten Faszinationsritualen der perfekten Selbstbespiegelung und Selbstspeisung.

Damit stehen die im Hochkapitalismus massenhaft produzierten Faszinationsrituale in krassem Gegensatz zu z.B. rauschhaften, sozial und kollektiv verankerten Festen der vorkapitalistischen Zeit. Diese riefen auch Faszination hervor, unterschieden sich aber radikal von den heute vorherrschenden Ritualen, weil sie (z.B. die Fastnachtsfeste in ihrer ursprünglichen Form) ihre Faszination gerade aus dem Gegenteil der gesteuerten Faszinationsproduktion im Hochkapitalismus bezogen.

Zielen diese ab auf gesteuerte Produktion imaginärer Subjekthaftigkeit und Selbstbildproduktion, letztendlich auf eine Identität des Subjekts, so bezogen jene ihre Faszination gerade aus der zumindest strukturell gegebenen Möglichkeit der Entgrenzung des Subjekts, auf die Unterminierung der starren sozialen Ordnung, letztlich implizierten sie eine Auflösung starrer individueller Identitäten.

Aber täuschen wir uns nicht. Auch hiermit spielen Faszinationsrituale sehr oft und gerne.

Am Anfang unserer Betrachtungen zur Faszination hatten wir das Gefühl, von einer Sache fasziniert zu sein, beschrieben als ein Gefühl der Selbstvergessenheit, was nichts anders heißt, als einer starren Ich-Gewißheit verlustig zu werden.

Diese Ich-Entgrenzung wird nun im Kapitalismus z.B. über Filmproduktionen ebenfalls provoziert aber hinterrücks wieder eingefangen und domestiziert.

Provoziert wird die totale projektiv-identifikatorische ‚Vereinheitlichung' mit den Protagonisten der Handlung, ja geradezu eine Verschmelzung mit selbigen. Alle Leidenswege der Identifikationsfiguren werden ‚mitgelebt', selbst Identitätswechsel oder zumindest Identitätsbrüche nachvollzogen, bis die Handlung dem Protagonisten einen adäquaten Platz innerhalb der Symbolischen Ordnung wieder zugewiesen hat und damit dem betrachtenden Subjekt auch. Alles bleibt, wie es ist. Filme wie ‚Vicotr victoria' oder der Kultfilm der 50er Jahre ‚Denn sie wissen nicht, was sie tun' illustrieren diese Vorgänge sehr anschaulich.

D.h. Faszination spielt auch gerade mit der Lockung eine starre Identität aufzugeben über projektive Identifikation, bahnt aber diese Lockung hin auf eine neue (alte) Selbstgewißheit des Subjekts. Bis hin zur Domestizierung in starre rituelle Formen wie Fan-Clubs von Rock-Gruppen oder Fußballmannschaften. Oder die Bahnung besteht in der ‚Sammlung' ganzer Bevölkerungsgruppen, die sich oft nur durch äußere Markierungen und ähnliches Verhalten wiedererkennen, somit zu neuen ‚Gemeinden' oder ‚Familien' konstituiert werden, wie der Gemeinde der Jogger, Popper usw. Diese Sammlung ist nicht zuletzt deshalb wichtig, um diese ‚Familien' der ökonomischen Verwertung zugänglich zu machen.

Denn letztlich zielt Faszinationsproduktion darauf ab, von der Ebene nicht realer Partizipation auf die Ebene allerdings befriedeter Formen der realen Partizipation an Ritualen zu gelangen, zielt also ab auf das Handeln der Individuen, zielt auf Aktivität.

Und wenn die Aktivität des damit zum Subjekt gewordenen Individuums auch nur darin besteht, bestimmte Produkte der Warenwelt zu kaufen, um sich selbst als Subjekt zu vergewissern und/oder zu vervollständigen. Oder aber zu sammeln in Gruppen, Vereinen, Organisationen die sich selbst wiederum durch Geschlossenheit, Hierarchisierung und Ausschlußmechanismen konstituieren.

Wir sind damit bei einer Form der Identitätsbildung, die gesellschaftlich eine enorme Relevanz besitzt. Es handelt sich um die Identitätsbildung, die an Aktivität gebunden ist, die der realen Partizipation des Subjekts bedarf.

Es handelt sich um die verschiedenen Formen von Vereinen, Gruppen, die es dem Individuum erlauben, sich aktiv einer Gruppe zugehörig zu fühlen, sich in ihr vereinheitlichen zu können.

Wir werden aber sehen, daß gerade diese starren rituellen Formen der Selbstvergewisserung des Subjekts allemal als ideologisch zu bezeichnen sind.

VI.3.2 SINN- UND KONTINUITÄTSSTIFTUNG IN STARREN RITUELLEN FORMEN

Wir hatten gesagt, daß das bürgerliche Subjekt tendenziell einer zunehmenden Atomisierung unterliegt, insofern es durch Arbeitslosigkeit, zunehmend sinnentleerter Arbeit, die vom Subjekt wesentlich mechanisch-reaktives Verhalten verlangt, durch mangelhafte soziale Bindung und auf Erfahrungsarmut gegründete Selbstvergewisserung gezwungen wird sich Sinn, Kontinuität und Selbstvergewisserung auch individuell allererst herzustellen.

Ich möchte dabei die These vertreten, daß proportional zur Zunahme der Atomisierung des bürgerlichen Individuums die Bereitschaft und Empfänglichkeit zunimmt, sich starren, im Grunde hierarchisch strukturierten und sich selbst über Ausschlußmechanismen reproduzierenden Gruppen, Vereinen und Verbindungen anzuschließen.

Diese Gruppierungen sind durchweg konservativer Natur und zwar nicht nur im politischen Sinne, sondern im Sinne bewahrender, in sich nicht bewegender, letztlich starrer Homogenität.

Ich denke dabei an Gruppierungen wie Sportvereine, Kegelclubs, Kleingärtnervereine, soldatische Vereinigungen, aber auch Motorradclubs, Fan-Clubs und an bestimmte Formen beständig wechselnder Jugendgruppierungen und Jugendsekten.

Allen ist gemeinsam, daß sie sich wesentlich im Freizeitbereich ansiedeln, d.h. der sog. Privatsphäre angehören. Ihr Zulauf erklärt sich in allgemeinster Weise daraus, daß sie ‚soziale und zeitliche' Fixpunkte bilden, also Markierungen um dem täglichen Lebensfluß einerseits zu fixieren und selbigem zu entrinnen. Sie stellen eine ‚Ablenkung' von differenter, zerrissener und/oder monotoner Lebenspraxis dar. Es sind Bereiche individueller Sammlung und Selbstvergegenwärtigung. ‚Hier kann man mal wieder man selbst sein.'

Entscheidend scheint mir zu sein, daß sich hier soziale Bindung, individuelle Selbstvergegenwärtigung hervorbringt unter einer z.T. recht regiden und rituell-starren Ordnung.

Soll heißen, daß sich Subjekthaftigkeit hier hervorbringt über Partizipation, aktive Unterwerfung unter die Codes der Gruppierung.

Diese rituellen Formen finden z.B. ihre Manifestation

- in Vereinsstatuten, einer Satzung, geregelten Vorstandswahlen, Jahresabschlußberichten, samt Rechenschaftsbericht und Entlastung des Vorstandes.
- in recht regiden Aufnahmebedingungen, ja z.T. Aufnahmeritualen, die nicht selten wahren Initiationsriten ähneln.
- in Sanktionen bzw. sozialer Ächtung gegen Personen, die gegen die Satzung oder gewohnheitsmäßig verankerte rituelle Formen verstoßen oder gar nicht an ihnen partizipieren.
- in der Herausbildung gruppenspezifischer Wiedererkennungs- und Selbstbespiegelungsritualen, wie z.B. ritualisierte Formen des Trinkens und die Herausbildung bestimmter sprachlicher Codes.
- in der Herausbildung gleicher Kleidung, bis hin zu Trachten, die spontanes visuelles Wiedererkennen ermöglichen.

All diese Manifestationen, die sicherlich für bestimmte Gruppen konkretisiert werden müßten, produzieren letztlich eine in sich **geschlossene**, homogene Struktur, die keine Differenz und Andersartigkeit zuläßt.

Eine Struktur der spiegelhaften Wiedererkennung in rituellen Formen der Selbstvergewisserung unter einer Ordnung, die keine Verunsicherung aufkommen läßt, schon gar nicht das Infragestellen ihrer Ordnung selbst.

Genau aus dieser Struktur beziehen solche Formen von Zusammenschlüssen die Anziehungskraft für die Individuen. Sie produzieren nämlich Ich-Gewißheit bei aktiver Partizipation am Ritual, sie ‚sammeln' das real einer zunehmenden Disperatheit und sozialen Bindungslosigkeit unterworfene Individuum.

Die wohl historisch größte und in ihren Auswirkungen verheerendste Sammlung und Vereinheitlichung der Individuen in starren, hierarchisch strukturierten und alles heterogene ausschließenden Gruppen, bei gleichzeitiger aktiver Partizipation des Subjekts, ist wohl dem deutschen Faschismus zuzuschreiben.

Er war in der Lage, Menschenmassen zu faszinieren durch riesige in sich geschlossene Massenrituale und diese Massen unter eine rigide Ordnung zu subsumieren; eine Ordnung, in der es den Individuen möglich war, sich zu sammeln und aktiv in Gruppen mit starker Hierarchisierung sich selbst zu vergewissern, eine starre, rigide, alles Heterogene ausschließende Identität aufzubauen. (236)

Und im Anschluß an Theweleit ist davon auszugehen, daß das gepanzerte starre, sich mit sich selbst identisch dünkende männliche ICH seine rigideste Manifestation genau in der Gestalt des Faschisten findet. (237) Ihm ist alles Fremde, Differente und Identität Bedrohende suspekt; es muß letztendlich getötet werden, seine Identität läßt sich nur über profektiv-identifikatorische Selbstbespiegelung aufrechterhalten.

Die wohl wichtigste Institution unserer Gesellschaftsformation, die sich verantwortlich zeigt für den Versuch unter einer stark hierarchisierten Ordnung einen bestimmten Typus von Subjekt zu produzieren, ist die Bundeswehr. Sie ist in der Tat die ‚Schule der Nation' – aber für Männer. Angestrebt wird auch hier eine Subjekthaftigkeit, die die freiwillige Zustimmung zur Organisation und deren Praxis über rituelle Formen zu erreichen sucht, d.h. durch freiwillige Unterwerfung.

Und ich denke, daß die ganzen Bemühungen z.B. die Zivildienstleistenden in eine ähnliche Organisationsstruktur hineinzupressen – Schlagwort: Kasernierung, Militarisierung des Zivildienstes – nicht wesentlich vom Gedanken der ökonomischen Effizienz getragen werden, sondern getragen werden von dem Versuch, ähnliche Organisationsstrukturen, wie sie die Bundeswehr auszeichnen, zu installieren, um so eines Typus von Subjekt habhaft zu werden, der sich genau gegen das von der Bundeswehr angestrebte Männer-Ideal zur Wehr setzt, dem dieses Ideal aber zumindest suspekt ist.

Nämlich einem Typus von Subjekt, der sich konstituiert auf Grund freiwilliger Unterwerfung unter eine stark hierarchische Organisation, die eben ihre starke Hierarchisierung und Ordnung selbst wiederum nur auf Grund rigider Ausschlußmechanismen hervorbringen kann.

Sehr wichtig für die eingangs genannten Vereinigungen, die eine identitätsstiftende und die Individuen sammelnde Funktion haben, wenn wir von explizit militärischen Organisationen absehen, scheint mir zu sein, daß sie in der Lage sind, eine eigene Welt aufzubauen, wenn auch nur für ein paar Stunden. Der ‚Alltag' wird vergessen.

Ganze Bereiche der realen Lebenswelt werden in diesen Vereinigungen nicht thematisiert. Wie z.B. der Arbeitsbereich, die Arbeit selbst. Damit stehen diese rituellen Formen der ‚Freizeitbeschäftigung' in krassem Gegensatz zu sozial verankerten Zusammenkünften z.B. der Arbeiterbewegung im 19. Jahrhundert.

Auch wenn diese Zusammenkünfte lediglich in der Kneipe stattfinden und sicherlich die Dimension der berauschenden Alltagsflucht in sich trugen, so kam doch in der Regel zu dieser Art der ‚Freizeitbeschäftigung' noch mindestens ein Aspekt hinzu. Dieser besteht gerade in der Thematisierung der Alltagssituation, der Arbeitssituation und möglicherweise die Veränderung derselben. Es handelte sich somit um sozial verankerte und solidarische Zusammenkünfte. (238)

Wie überhaupt der Begriff der Freizeit-‚beschäftigung' selbst sehr verräterisch ist.

Er läßt nämlich den Verdacht aufkommen, daß es im Spätkapitalismus letztlich nur darum geht, das Arbeits- und Beschäftigungsprinzip auch den sog. Freizeitbereich durchdringen zu lassen; und ferner, daß es im Grunde nur darauf ankommt, irgendeine, also beliebige Beschäftigung mit der Arbeit (Beschäftigung) selbst, den Arbeitsbedingungen und deren Infragestellung. Die Ausklammerung ganzer Bereiche der alltäglichen Lebenswelt aus den geschilderten rituellen Formen der ‚Freizeitbeschäftigung' wie überhaupt aus den ‚öffentlichen Diskursen ist ein Prozeß, den Roland Barthes als **Entnennung** beschrieben hat.

VI.3.3 DER IDEOLOGISCHE EFFEKT DER ENTNENNUNG

R. Barthes hat den Prozeß der Entnennung beschrieben in seinem Buch ‚Mythen des Alltags'. (239) Es handelt sich um eine eingehende Untersuchung der Bedeutung des Mythos in bürgerlicher Gesellschaft, wobei Barthes davon ausgeht, daß gerade die bürgerliche Gesellschaft prädestiniert ist für die Ausbildung des Mythos.

In dieser Hinsicht trifft er sich mit Horkheimer/Adorno, die am Anfang der berühmten ‚Dialektik der Aufklärung' schreiben:

> „Seit je hat Aufklärung im umfassendsten Sinne fortschreitenden Denkens das Ziel verfolgt, von den Menschen die Furcht zu nehmen und sie als Herren einzusetzen. Aber die vollends aufgeklärte Erde strahlt im Zeichen triumphalen Unheils. Das Pro-

gramm der Aufklärung war die Entzauberung der Welt. Sie wollte die Mythen auflösen und Einbildung durch Wissen stürzen." (240)

Aber eben dieses Wissen, die zweckrationale Logik bürgerlicher Gesellschaft ist nun ihrerseits zum neuen Mythos geworden.

R. Barthes geht nun seinerseits davon aus, daß trotz erheblicher gesellschaftlicher Veränderungen unsere Gesellschaft eine bürgerliche Gesellschaft geblieben ist; der ‚Grundstatus' ist geblieben, „der eines Regimes des Eigentums, einer bestimmten Ordnung und einer bestimmten Ideologie". (241) Allerdings tritt bei der Benennung dieses ‚Regimes' ein erstaunliches Phänomen auf:

„...: als ökonomisches System wird die Bourgeoisie ohne Schwierigkeiten benannt, der Kapitalismus bekennt sich. Als politisches System ist sie schlecht zu erkennen; es gibt keine ‚bourgeoise' Partei im Parlament. Als ideologisches Phänomen verschwindet sie vollkommen. Die Bougeoisie hat beim Übergang vom Realen zu seiner Repräsentation, vom Ökonomischen zum Geistigen ihren Namen ausgelöscht: Sie paßt sich den Fakten an, findet sich aber nicht mit den Werten ab, sie unterwirft ihren Status einer regelrechten Operation der *Ent-nennung.* Die Bourgeoisie wird definiert als *soziale Klasse, die nicht benannt werden will.* ‚Bürger', ‚Kleinbürger', ‚Kapitalismus', „Proletariat' sind Orte eines unablässigen Ausfließens: ihnen entfließt der Sinn, bis der Name nutzlos wird." (242)

So bezeichnet sich die Bourgeoisie nie als Bourgeoisie. Sie benennt sich nicht und verwendet die Begriffe ‚Proletariat' oder ‚Ausbeutung' lediglich dann, wenn es gilt, einen politischen Gegner zu denunzieren.

Diese Prozesse können natürlich nur gelingen, wenn die politischen, moralisch-ehtischen Norm- und Wertvorstellungen der Bourgeoisie zu allgemeingültigen geworden sind. D.h. wenn es z.B. gelungen ist, eine eigenständige Arbeiterkultur systematisch zu zerstören. Effekt dieser Entnennungsprozedur ist, daß der Status der Bourgeoisie, der bürgerlichen Klasse, ein historisch gewordener Status, in einen natürlichen verwandelt wird. Denn je mehr die bürgerliche Klasse ihre Vorstellungen verbreitet, desto mehr werden sie ‚natürlich'.

„Die Bürgerlichkeit geht auf in einem unterschiedslosen Universum, dessen einziger Bewohner der ewige Mensch ist, der weder Proletarier noch Bourgeois ist." (243)

Produkt dieser umfassenden Entnennung ist das Auslöschen von Differenzen, von Herrschaft, hin zu einer Nivellierung und der Installierung eines Status, der nur noch als ‚natürlich' erscheinen kann. Effekt ist also eine radikale *Enthistorisierung*. Geschichte wird in Natur verwandelt.

„Der Status der Bourgeoisie ist ein besonderer und historischer, der Mensch, den sie darstellt, ist universal und ewig. Die bürgerliche Klasse hat ihre Macht gerade auf dem technischen und wissenschaftlichen Fortschritt aufgebaut, auf einer unbegrenzten Umwandlung der Natur, die bürgerliche Ideologie stellt eine unveränderliche Natur wieder her." (244)

Radikal denaturisierte Verhältnisse werden naturisiert. D.h. der Prozeß der Ent-nennung ist nicht bloß ein Akt des Verschweigens, des Vergessens, also lediglich passiver Natur, sondern auch ein Prozeß des Benennens.

Benannt werden allerdings nicht die realen gesellschaftlichen Verhältnisse, die realen Verhältnisse der Welt, sondern ein Bild von den gesellschaftlichen Verhältnissen, ein Bild von der Welt. Ein imaginäres Bild, das lediglich der Erhaltung des Status Quo dient. Die Ordnung ist so wie sie ist und soll auch so bleiben. Hier hat sich nach Barthes auch ein Wandel der ersten bürgerlichen Philosophien zur bürgerlichen Ideologie vollzogen. Die ersteren besetzten die Welt mit Bedeutungen, versuchten wissenschaftlich-rationale Logik als für den Menschen bestimmt zu installieren, während die bürgerliche Ideologie eher wissenschaftsgläubig ist und die Ordnung der Welt für sie entweder ‚ausreichend oder aber unsagbar ist', niemals aber bedeutend.

„Schließlich bringt die erste Vorstellung einer perfektionierbaren, beweglichen Welt das umgekehrte Bild einer unbeweglichen Menschheit hervor, die durch eine unendlich wiederholte Identität definiert wird." (245)

D.h. die imaginären Vorstellungen über die Welt durchziehen nicht nur die bürgerliche Ideologie als diskursive Formationen, sondern bestimmen auch das gelebte Verhältnis der Individuen zu ihren Existenzbedingungen. Und für Barthes zeitigt denn auch der ideologische Effekt der Entnennung seine höchste Wirkung „... von dem Augenblick an, da eine Stenotypistin mit fünfundzwanzigtausend Francs Monatsgehalt sich in der großen bürgerlichen Hochzeit erkennt" (246), also ihre freiwillige Unterwerfung gelungen ist.

Wir hatten gesagt, daß der Prozeß der Entnennung zumindest folgende ideologische Effekte zeitigt: er nivelliert gesellschaftliche Differenzen und Hierarchisierungen, verwandelt Geschichte in Natur, enthistorisiert damit, und transformiert historisch gewordene Verhältnisse in ‚natürliche', ein Prozeß der letztlich in der Reproduktion des immer Gleichen mündet, also in einer unbeweglichen gesellschaftlichen Ordnung.

Auf einen Punkt möchte ich allerdings noch hinweisen: Und zwar auf den aktiven Charakter der Entnennung.

Dabei lassen sich zwei grundsätzliche Mechanismen herausarbeiten. Zum einen das ständige **Benennen** bei gleichzeitiger Transformation der Begriffe in einen anderen Kontext und als zweite Operation die **Ersetzung** bestimmter Begriffe durch ähnliche, durch Evidenzbegriffe. Nehmen wir ein Beispiel für das ständige Benennen, das ständige im Munde führen von Begriffen, die einen ganz anderen **Wert** erhalten, wenn sie in einem anderen Kontext auftauchen. Dadurch wird den Begriffen die historische Basis entzogen und sie übernehmen dergestalt eine entpolitisierende Funktion.

Nehmen wir z.B. den Begriff der Solidarität. Ehemals ein Begriff, der aus der Zusammengehörigkeit und der Auflehnung von Unterdrückten gegen ihre Unterdrücker einen realen historischen Sinn bezog, ein Kampfbegriff, in dem reale gesellschaftliche Ausbeutungsverhältnisse mitreflektiert wurden, wird nun auch beständig von Repräsentanten der an der Reproduktion dieser Gesellschaftsformation Arbeitenden im Munde geführt.

„Solidarität der Demokraten', ‚Solidarität mit der 3. Welt' ...'.
Aus dem Kampfbegriff gegen ausbeuterische Verhältnisse ist ein ideologischer Begriff geworden, der eine Solidarität beschwört, die nur ein Gemeinsames kennt, nämlich die Reproduktion eben dieser Verhältnisse; auch Ausbeu-

tungsverhältnisse, wenn auch subtiler gewordene Ausbeutungsverhältnisse.

Ganz deutlich wird dies, wenn sich konservative Politiker hinstellen können und von der Solidarität mit der 3. Welt reden und darunter – sicherlich evident – irgendwelche Hilfssendungen in die sog. 3. Welt meinen. Ideologisch wird dieser Diskurs deshalb, weil der konstitutive Zusammenhang, nämlich ein radikales Ausbeutungsverhältnis der sog. 3. Welt durch die sog. 1. Welt eliminiert wird zugunsten einer ‚Solidarität', di es zwischen Ausbeutern und Ausgebeuteten so nicht geben kann. Höchstens in der Imagination. Dieser Solidaritätsbegriff ist genauso ideologisch wie der Begriff des ‚Nord-Süd-Dialogs'. Denn Dialoge kann es eigentlich nur zwischen Gleichberechtigten geben.

Diese Beispiele sollen verdeutlichen, daß Begriffe, in einen anderen Zusammenhang transformiert, einen ganz anderen Wert erhalten. Sie werden nämlich enthistorisiert und homogenisieren, egalisieren radikale Differenzen und Widersprüchlichkeiten.

Durch diese Prozesse wird also der Effekt der Entnennung gerade durch ständiges Nennen hervorgerufen, eine Transformation bestimmter Begriffe in einen anderen Kontext.

Oder nehmen wir das ständige, aufdringlich-penetrante Zeigen, Benennen des Todes in der bürgerlichen Gesellschaft. Statistiken über Verkehrstote, distanziert-voyeuristische Partizipation am Hungertod oder der Niedermetzelung ganzer Völker, bis hin zum ‚realistischen' Vorspielen von Verkehrsunfällen und dergleichen mehr.

Man könnte meinen, der Tod sei im Bewußtsein der Massen verankert. Ich möchte allerdings behaupten, daß der Tod in unserer Gesellschaft radikal verdrängt ist und selbst das Sterben in Sanatorien und Kliniken vonstatten geht, somit sozial verankerte Erfahrung mit dem Tod zunehmend verunmöglicht wird.

Soll heißen, daß das ständige Benennen des Todes, das ständige zur ‚Schau stellen' des Todes, eher noch mal der Selbstvergegenwärtigung des eigenen Lebens und der Sicherung desselben dient.

Und sei es durch den Sicherheitsgurt oder die Lebensversicherung. Wohl niemand hat diesen Sachverhalt kürzer und prägnanter beschrieben als Canetti:

> „Der Augenblick des Überlebens ist der Augenblick der Macht. Der Schrecken über den Anblick des Todes löst sich in Befriedigung auf, denn man ist nicht selber der Tote." (247)

Vor allem dann, wenn der Tod über die Distanz eines Massenmediums ‚erfahren' wird.

Durch das ständige Benennen des Todes steigt meiner Meinung nach gerade die Verdrängung desselben und diese Präsentation des Todes wirkt insofern zutiefst ideologisch, als die visuelle Darbietung des Todes in der Regel den Wirkungszusammenhang (z.B. beim Hungertod ganzer Völker der sog. 3. Welt) verschleiert und eher der punktuellen Selbstvergewisserung des Subjekts anheimgegeben wird.

Doch kommen wir auf die zweite Operation der Entnennung zu sprechen, die sich durch beständiges Benennen hervorbringt.

Es handelt sich dabei um die Benennung eines Sachverhaltes, einer Struktur durch ähnliche, weil evidente Begriffe. Nehmen wir auch da ein Beispiel zur Illustration:

Wir können unstreitbar behaupten, daß wir in einer kapitalistischen Gesellschaftsformation leben und zwar im strengen Sinne des Begriffs, mit all den darin enthaltenen Implikationen und theoretischen Erkenntnissen.

Doch der popularistische Diskurs benennt diese Gesellschaftsformation in dieser Form nie, es sei denn im positiven Sinn, in Abgrenzung und Konkurrenz zu z.B. sozialistischen Gesellschaftsformationen. Im Gegenteil: unsere Gesellschaft wird selbst immer anders benannt. Wir leben nämlich in einer ‚Leistungsgesellschaft', einer ‚Industriegesellschaft' oder gar ‚modernen Industriegesellschaft', einer ‚Konsumgesellschaft'.

All diese Begriffe sind *Evidenzbegriffe*, denn unstreitbar ist diese Gesellschaft auf Leistung orientiert; Leistung ist eine positiv konotierte Eigenschaft, über Industrie verfügt diese Gesellschaft ebenfalls und konsumiert wird auch. Bei näherem Hinsehen wird allerdings der Widersinn dieser ‚Begriffe' augenfällig.

Denn wenn wir in einer Leistungsgesellschaft leben würden, hätten gesellschaftlich diejenigen, die am meisten leisten, auch eine privilegierte Stellung. Dies kann man nun allerdings wahrlich nicht behaupten, in der Regel ist das Gegenteil der Fall.

Daß wir in einer Industriegesellschaft leben, ist auch nur die halbe Wahrheit, denn konstitutiv für diese Gesellschaft ist nicht nur die Industrie, sondern auch agrarische Produktion und z.B. unbezahlte Reproduktionsarbeit, vornehmlich der Frauen.

Und der Begriff der Konsumgesellschaft verkennt in extremer Weise, daß die Bedingung der Möglichkeit der Konsumption die Produktion ist. Ferner, daß nicht alle gleich konsumieren können und die Produktion selbst durch Ausbeutung gekennzeichnet ist.

All diese Begriffe haben also insofern ideologische Funktion als sie sich auf der Evidenzebene bewegen und dabei wesentliche Wirkungszusammenhänge, Widersprüchlichkeiten verschleiern und entnennen. Sie vereinfachen komplexe Verhältnisse. Sie sind auf spontanes Wiedererkennen angelegt und beziehen gerade daraus ihre Verkennungsfunktion.

VI.3.4 DIE IDEOLOGIE PRODUZIERT BIPOLARE EVIDENZEN

Die bürgerliche Gesellschaft ist durchdrungen von bipolaren Evidenzen. Durchdrungen von einer Duallogik, die immer auf die Macht der Alternative verweist.

Tendenziell versucht nämlich die gesamte bürgerliche Ideologie die gesellschaftlichen Verhältnisse auf bipolare Evidenzen zu reduzieren. Gesund/krank, normal/verrückt, Wahnsinn/Vernunft, Gut/Böse, männlich/weiblich, bewußt/unbewußt ...

Diese bipolaren Evidenzen treten nach Cixous immer in **Paaren** auf, allerdings mit oppositionellem, konflikthaftem, ja kriegerischem Charakter.

> „Es ist ein Paar, (Cixous bezieht sich hier auf das Paar männlich/weiblich; U.R.), das verstanden wird als sich opponierend, es ist ein Paar, zwischen dem es Spannung gibt, Kampf gibt ... ein Paar, wo ein gewisser Krieg getrieben wird, wo immer ein Tod dabei ist, und wenn ich immer wieder die Bedeutung der Opposition als Paar hervorhebe, so deshalb, weil alles dies eben nicht nur nichts als Worte sind (...) oder zumindest Wort ist: alles ist Wort, alles ist nichts als Wort. Festzustellen, daß es in Paaren abläuft, daß es das Paar ist, was es am funktionieren hält, weist auch darauf hin, daß man sich mit dem Paar beschäftigen muß, wenn man die Kultur dekonstruieren und transformieren möchte. Das Paar als Ort, als Kriegsschauplatz in der Kultur, aber auch als der Ort, der einer vollständigen Transformation der Relation zwischen den Einen und dem Anderen bedarf und sie erfordert. Es ist immer das Paar, mit dem man sich beschäftigen muß, und also zum Beispiel damit: ‚was wäre eine Liebe, die nicht einfach eine Hölle wäre, nicht einfach eine Verschleierung des Krieges?‘." (248)

Denn – und dies scheint mir das entscheidende zu sein – bipolare Evidenzen, in sich oppositionelle Paare, gewinnen durch ihren in bürgerlicher Gesellschaft natürlich gewordenen Charakter eine verschleiernde Funktion. Sie verschleiern nämlich, daß sich diese Paar-Oppositionen konstituiert haben auf Grund eines Kampfes, Ergebnis eines historisch gewordenen, konfliktuellen Auseinandersetzungsverhältnisses sind.

Und selbst die Begriffe der ‚bipolaren Evidenz‘ oder des ‚Paares‘ laufen noch Gefahr, den ideologischen Charakter dieser Alternativlogik nicht adäquat fassen zu können.

Denn bei bipolaren Evidenzen handelt es sich nicht um die Opposition zweier gleicher Entitäten, sondern um ein radikales Herrschaftsverhältnis, das hierarchisch strukturiert ist.

Eine Seite des Pols ist immer die absolut dominierende, wobei nichtsdestotrotz der moralisch, ethisch, gesellschaftlich negativ bewertete Pol konstitutiv bleibt für das Paar und dessen Wirkungsweise, auch wenn er als solcher explizit nicht in Erscheinung tritt.

Am Anfang hatten wir gesagt, daß die bürgerliche Gesellschaft durchdrungen ist von bipolaren Evidenzen. Soll heißen, daß diese Logik ihre materielle Grundlage in der bürgerlichen Gesellschaft und den ihr zugrunde liegenden Produktionsverhältnissen selbst hat.

Mit der Emanzipation der bürgerlichen Klasse von naturwüchsigen, durch Adel und Stand geregelten gesellschaftlichen Feudalverhältnissen, der Durchsetzung des freien Handels und zunehmender Installierung kapitalistischer Produktionsverhältnisse wird nicht nur die bürgerliche Klasse ‚frei‘, sondern sie gibt den Ideologen der Freiheit, des sich selbst verantwortlichen, gleichberechtigten Individuums, die Form der Universalität.

Hervorgebracht wird u.a. der ‚doppelt freie Lohnarbeiter‘. Seine Freiheit besteht allerdings von nun an darin, sich genau in dieser Duallogik zu bewegen. Nämlich seine Arbeitskraft zu verkaufen oder aber zu verhungern, etwas zu kaufen oder es zu lassen; er ist tatsächlich ‚frei‘, allerdings nur innerhalb der Logik des ‚entweder – oder‘.

D.h. er lebt in einer imaginären Freiheit, eine Freiheit, die durch die juristische Ideologie festgeschrieben und mystifiziert wird; eine imaginäre Freiheit, weil die Freiheit der Individuen, die nicht der bürgerlichen Klasse angehören, real, also lebenspraktisch auf regide Grenzen stößt und eigentlich nur von ‚Angehörigen' derselben gelebt werden kann.

Denn sie sind realer Träger des durch die kapitalistischen Produktionsverhältnisse installierten Prinzips der Duallogik, einer Logik des Habens oder nicht Habens; Besitz haben oder nicht, Verfügungsgewalt über sich haben oder eben nicht; sie, die bürgerliche Klasse hat diese Freiheit nämlich real; sie ist realer Träger, Repräsentant und ‚Ideologischer Reproduzent' einer Logik, die der gesamten kapitalistischen Ökonomie zugrunde liegt.

Diese, der kapitalistischen Produktion zugrunde liegende Duallogik, durchzieht nun sämtliche gesellschaftlichen Bereiche und diskursiven Formationen.

Es handelt sich hierbei um eine grausame, imperiale Logik, die letztlich nur eins zum Ziel hat: nämlich die Installatierung und Produktion des ‚freien', sich autonom und identisch dünkenden Subjekts. Dies vor dem Hintergrund einer ungeheuren Normalisierungs- und Normierungsarbeit, an dessen Ende der gleiche, unterschiedslose (Mann)-Mensch der humanistischen Ideologie steht.

M. Foucault hat z.B. in seinem Buch ‚Wahnsinn und Gesellschaft' (249) nachgezeichnet, welch ungeheuere Umwälzungsarbeit (ideologische Arbeit) nötig war, um ganz neue diskursive Formationen, gesellschaftliche Institutionen, einen ganz neuen Wissenstypus hervorzubringen, damit das Evidenzpaar Wahnsinn/Vernunft etabliert werden konnte. Und im Anschluß an Foucault kann deutlich gemacht werden, daß die Wahrung dieses Evidenzpaares nicht nur ‚repressiven' Staatsapparaten obliegt, sondern in die Individuen hineinverlagert wird. Nicht mehr Orwells alles sichtende Auge, sondern das innere Auge, die Selbstbeobachtung und Selbstdisziplinierung steht am Ende eines Prozesses, der einen Vernunftsbegriff hervorbringt, der sich nur über regide Ausschlußmechanismen selbst reproduzieren kann. Vorläufiger Höhepunkt dieses Prozesses ist die gesellschaftliche Manifestation in Form von psychiatrischen Einrichtungen, der Kasernierung all dessen, was sich eben dieser Vernunftslogik nicht beugen will.

Und dies vor dem Hintergrund gesellschaftlicher Verhältnisse, die selbst, wenn man der Vernunftslogik inhärent folgen will, sich als zunehmend unvernünftig erweisen. Die allseitig vernünftige Welt entpuppt sich zunehmend als Wahn.

Auf individueller Ebene produziert diese Gesellschaft zunehmend Atomisierung, soziale Bindungslosigkeit und Perspektivlosigkeit mit all den daraus resultierenden psychischen Problemen; psychische Probleme, die wesentlich daraus resultieren, daß es den Individuen tendenziell verunmöglicht wird, Sinn, Kontinuität und Perspektive herstellen zu können. Die rasante Zunahme verschiedenster Therapieangebote, in denen die Individuen genau das hoffen zu bekommen, was ihnen lebenspraktisch ermangelt, mag als Indiz für das

Schlagwort der Sinn- oder Identitätskrise des bürgerlichen Subjekts hier ausreichen.

Und ich denke, daß vor diesem Hintergrund eine für die kritische Theorie typische Argumentationsfigur einer Radikalisierung bedarf. Selbige geht davon aus, daß die bürgerlich-emanzipatorische Forderung nach einem autonomen, vernunftgeleiteten Individuum in seiner gesellschaftlichen Realität in sein Gegenteil umgeschlagen ist; d.h. die zweckrationale Logik bürgerlicher Gesellschaft zum neuen Mythos, zur neuen Fessel wurde. Aufgabe nicht nur der Philosophie sei es, das, was gesellschaftlich möglich ist, was sein soll, gegen das gesellschaftlich Seiende, das, was ist, einzuklagen, um zur Befreiung von eben diesen Fesseln schreiten zu können.

Die Frage wäre doch, ob nicht die Forderung nach einem autonomen, einheitlichen und vernunftgeleiteten Individuum mit der ihr eigenen Vernunftlogik selbst konstitutiv für das ist, was sich gesellschaftlich zunehmend durchzusetzen beginnt und so fürchte ich, in steigendem Maße zeigen wird. Ob nicht das atomisierte Subjekt, der Herr über sich selbst, der individuelle Einzelkämpfer notwendiger Effekt, logischer Schlußpunkt dieser Forderung ist.

Ja, ob nicht das Ideologem des einheitlichen, autonomen Subjekts, das sich nur über ungeheuere psychische Zwänge und Verdrängungen sowohl nach innen als nach außen konstituieren kann, sich verantwortlich zeigt für einen gesellschaftlichen Krieg, der in der Regel als Frieden bezeichnet wird. Sowohl der Krieg der Individuen untereinander als auch der Krieg nach innen, bei dem all das verdrängt und getötet werden muß, was die vermeintliche Autonomie und Einheitlichkeit stört.

> „Die Menschen verzeichnen nur ihre offiziellen Toten auf ihren Kriegsdenkmälern: jene, die zur Zeit, das heißt spät, zu sterben vermöchten, als Menschen in Kriegen der Menschen, in denen nur menschliche Wölfe und menschliche Götter einander zerreissen und opfern. Die Psychoanalyse hat bei ihren alleinigen Überlebenden mit einem anderen Kampf zu tun, dem einzigen Krieg ohne Erinnerung und ohne Denkmäler, den die Menschheit nie geführt zu haben vorgibt, den sie immer schon gewonnen glaubt, einfach deshalb, weil sie nichts anders ist, als diesen Krieg überlebt zu haben, zu leben und sich zu erzeugen als Kultur in der menschlichen Kultur ..." (250)

Und wäre eine Gesellschaft nicht dann wahrhaft ‚human', wenn sie all der Dinge nicht mehr bedürfte wie der psychoanalytischen Praxis, den hunderten von Therapieformen, Psychiatrischen Anstalten und dergleichen?

Doch dazu bedarf es auch des Aufbruchs der bipolaren Evidenzlogik, des Aufsprengens der Alternative, die doch nur in der Reproduktion des immer Gleichen mündet.

Wie etwa bei dem Evidenzpaar bewußt/unbewußt.

Schon bei der Beschäftigung mit Benjamin hatten wir gesehen, daß die radikale Dissoziation von Bewußtem und Unbewußtem selbst ein historisches Produkt ist.

In der Ideologie wird nun diese historisch gewordene Trennung festgeschrieben und kultiviert. Vorrang, herausragende Dominanz besitzt das Bewußtsein. Ihm gilt die volle Aufmerksamkeit, es ist die zentrale Instanz des

Individuums, sein Zentrum von dem aus es sein Verhältnis zu sich und seinen Evidenzbedingungen klärt.

Bei der Bildung von bipolaren Evidenzen besitzt also die Ideologie ebenfalls eine aktive Funktion; insofern nämlich als sie die Trennung vollzieht und dessen Festschreibung reproduziert und garantiert. Allerdings zugunsten eines Pols des Paares.

Bei unserem Beispiel zugunsten des Bewußtseins als einer autonomen Instanz des autonomen Individuums (humanistische Ideologie), das sogar ein Recht auf das Wissen des Unbewußten hat (bürgerlich-juristische Ideologie). Die Hauptfunktion dieses Evidenzpaares besteht nun m.E. genau in dem Bemühen, all das zu kontrollieren, was irreduzibel ist, sich somit zweckrationaler Logik entzieht. Es geht also darum, all das kommensurabel zu machen, was inkommensurabel ist. Letztlich um die Reproduktion des immer Gleichen, nämlich um die Reproduktion der Vorstellung des alleinig vom Bewußten regierten autonomen Subjekts.

Diese Funktion reicht hinein in verschiedenste therapeutische Verfahren und sehr oft beziehen religiös-meditative Veranstaltungen oder Sekten gerade ihre Faszination daraus, daß sie den Individuen eine Reise zum wahren ICH oder zur Erkenntnis des Unbewußten versprechen. Sie beziehen also ihre Faszination gerade aus der Vorstellung bisher nicht Bewußtes, sogar Unbewußtes dem Bewußtsein zugänglich zu machen und damit auch kontrollierbar werden zu lassen. Also Ich-Gewißheit, wenn auch ‚erweiterte' Ich-Gewißheit, zu reorganisieren.

Eins scheint mir nun allerdings allen bipolaren Evidenzen gemein. Sie alle sind auf ein Wiedererkennen, und zwar auf spontanes Wiedererkennen angelegt, ein Wiedererkennen, das eine sofortige Zuordnung erlaubt.

Das Subjekt muß sich spontan entscheiden können und soll sich entscheiden: der/die ist verrückt/normal usw. usw.

Der Effekt, der dadurch hervorgebracht wird, ist die Nivellierung komplexer Strukturen in der Zwangsjacke der Alternative, die immer eine spontane Selbstvergegenwärtigung des Subjekts erzwingen will; also Orientierung und Halt innerhalb komplexer gesellschaftlicher Verhältnisse ermöglicht und genau daraus seine Evidenz und sein Verkennungspotential bezieht.

Der Blick, das Empfinden wird bipolar. Drittes, Viertes, Variationen und Zwischenstufen soll es nicht geben. Denn dies würde Verunsicherung des sicher geglaubten Subjektstatus bedeuten.

VII. DIE PAHLLISCHE ORDNUNG: JAGD NACH IDENTITÄT

In den vorangegangenen Ausführungen sollten einige der wesentlichsten Mechanismen herausgearbeitet worden sein, die sich verantwortlich zeigen für die Verkennungsfunktion ideologischer Formationen und Rituale.

Wir waren dabei ausgegangen von Lacans These der Unmöglichkeit, eine in sich geschlossene, einheitliche Identität aufbauen zu können bzw. diese jemals erreichen zu können, es sei denn in der Imagination. Eine Imagination, die sich nun selbst wiederum hervorbringt über radikale Ausschlußmechanismen.

Dieser Unmöglichkeit korrespondiert in hochkapitalistischer Gesellschaft der Zwang, sich eben doch als einheitliches, autonomes und selbstverantwortliches Subjekt zu denken und entsprechend zu handeln; und dies vor dem Hintergrund eines realen Verlustes an sozialer Bindung, zunehmender Atomisierung und Erfahrungsarmut und z.T. heterogener, zerrissener Lebenspraxis.

Dabei hatten wir zwei Argumentationslinien besondere Aufmerksamkeit geschenkt.

Zum einen hatten wir versucht nachzuzeichnen, daß es den Individuen zunehmend verunmöglicht wird. Erfahrungen zu machen, Perspektiven zu entwickeln, Sinn herzustellen und soziale Bindung aufrechtzuerhalten, und dann zum anderen vor dem Hintergrund der Überlegungen Lacans zu zeigen versucht, durch welche Mechanismen es ideologischen Formationen und Ritualen gelingt, den Individuen dennoch eine Subjekthaftigkeit zu imaginieren, die es ihnen ‚ermöglicht', sich als Subjekt, also als ein Zentrum der Initiative, als autonom und identisch zu denken.

Wir hatten dabei diesen Imaginationen eine materielle Existenz zugesprochen; insofern nämlich als deutlich geworden sein sollte, daß die Imagination nicht dem Subjekt selbst entspringen, sondern gesellschaftlich manifest sind im gelebten Verhältnis der Individuen zu ihren Existenzbedingungen, also gesellschaftlich strukturiert und gesteuert sind.

Weiterhin hatten wir gesagt, daß ideologische Rituale und Formationen ihre Faszination und Wirkung wesentlich daraus beziehen bzw. ihren ‚Einsatzort' genau dort haben, wo es gilt einen Mangel auszufüllen. Einen Mangel an Sinn, Kontinuität, letztlich Identität; ein Mangel, der in hochkapitalistischen Ländern zunehmend deutlich werden muß.

Die imaginäre ‚Mangelerfüllung' gelingt ideologischen Formationen wesentlich durch Vereinfachung komplexer Verhältnisse, die dadurch spontanes Wiedererkennen ermöglichen und in Ritualen der Selbstbespiegelung und Selbstspeisung, die es den Individuen erlauben, sich als Subjekt, als Subjekt des Signifikats zu denken. Bei der Beschäftigung mit Lacan hatten wir nun gesehen, daß der Vater eine Ordnung installiert. Eine Ordnung, die als ***phallische Ordnung*** bezeichnet werden soll.

Denn der Vater, nicht als leibliche Person, sondern als Träger eines Gesetzes, einer Ordnung, ist derjenige, der das Kind von der Mutter trennt, vom Phallus scheidet, er ist derjenige, der dem Kind einen Platz innerhalb der Symbolischen Ordnung zuweist; also ihm den Platz eines Sohn-Subjekts oder Tochter-Subjekts zuweist mit all den daraus folgenden praktischen Konsequenzen wie der doppelten Unterwerfung des Tochter-Subjekts, d.h. der Nicht-Partizipation an der Konstitution der Symbolischen Ordnung, also ihr praktischer Ausschluß.

Der Vater ist konstitutiv für diese Ordnung, dessen Zentrum, weil er derjenige ist, der den Phallus hat, die Macht hat, ihn zu vergeben oder zu verweigern. Den Phallus zu haben ist also gleichbedeutend mit realer gesellschaftlicher Macht und Standard, Selbstgewißheit, letztlich mit Identität.

D.h. in unserer Gesellschaft werden beständig ‚Phalli', phallische Symbole ausgetauscht, die es den Individuen ermöglichen sollen, den strukturellen Mangel an Sein, an Identität auszufüllen. Sich also phallisch markieren zu können, um einen Platz in der Symbolischen Ordnung zu erhalten, um letztlich auch sagen zu können: ‚Ich bin Ich' oder ‚dies ist mein Platz'; also über eine Form der Selbstgewißheit zu verfügen, die gesellschaftlich relevant und anerkannt ist, auch wenn die gesellschaftliche Anerkennung in der faktischen Unterwerfung besteht. ‚Er ist ein ehrlicher, einfacher Arbeiter' und ‚sie ist seine gute Frau'.

Die phallische Ordnung – installiert durch das Gesetz des Vaters – reduziert sich somit auf eine **Ordnung des ‚Habens'**; Macht haben, Selbstgewißheit, letztlich Identität haben, sie zielt ab auf Ganzheit, Vollständigkeit, eine Geschlossenheit der nichts ermangelt.

Dabei hatten wir im vorhergehenden einige ideologische Mechanismen herausgearbeitet, die es den Individuen ermöglichen sollen, sich genau als vollständig, ganzheitlich zu imaginieren; sich also einer Identität zu vergewissern, über die sie real nicht verfügen und nicht verfügen werden. Es sei denn in ihrem Tod.

Der strukturelle Mangel an Sein muß nun den Individuen in hochkapitalistischen Gesellschaftsformationen, die zunehmend soziale Bindungslosigkeit, Atomisierung und Perspektivlosigkeit produzieren, auch zunehmend zum Problem werden.

Es sei denn, der Mangel wird ‚befriedigt' in extremster Form in starren und hierarchisch strukturierten Ritualen und Organisationen. Hier findet das Individuum Residuen der Selbstvergegenwärtigung und Selbstbespiegelung. Allerdings eine Selbstvergegenwärtigung – wir haben dies gesehen – die sich hervorbringt über radikale Ausschlußmechanismen und um den Preis manifester Unterwerfung. Zum Problem muß den Individuen in hochkapitalistischen Gesellschaften der Mangel an Sein auch werden, weil ein real erfahrener gesellschaftlicher Mangel an Selbstvergegenwärtigung zunehmend der gesteuerten und imaginären Befriedigung anheimgegeben wird.

Letztlich ‚beliebig' zu werden droht, d.h. fern aller sozialen Bindung und Erfahrung situiert wird. Ja, wir hatten gesagt, daß den Individuen beständig neue Mängel suggeriert werden; der ‚Mangel' wird also selbst nochmal beständig produziert, um ihn ökonomisch verwertbar zu machen. Denn den Mangel gilt es auszufüllen, er muß ‚befriedigt' werden, damit sich die Individuen als komplett und vollständig imaginieren können.

Entfacht wird also eine wahre Jagd nach Befriedigung des Mangels. Eine Jagd nach dem Phallus. Eine Jagd, die nie beendet werden kann und damit einer metonymischen Bewegung gleicht.

Soll heißen, daß der strukturelle Mangel an Sein den Individuen in hochkapitalistischen Ländern insofern zum Problem werden muß, als ihnen der Mangel real, d.h. lebenspraktisch beständig gegenwärtig ist, ja, dieser sogar angeheizt wird, andererseits von den Individuen aber Einheitlichkeit und Vollständigkeit – auch lebenspraktisch – abgefordert wird.

Es wird ein Begehren strukturiert, das beständig darauf abzielt, sich zu vervollständigen und zu vereinheitlichen; **ein Begehren, das abzielt auf das ‚Haben-Wollen' um ‚Sein' zu können**.

Aber – und dies scheint mir das Entscheidende zu sein – für die Individuen wird hinterrücks auch zunehmend spürbar, daß dieses Begehren nie befriedigt werden kann; die Jagd nach Vollständigkeit aussichtslos ist. Spürbar nicht im Sinne einer reflektierten Erkenntnis, sondern spürbar als diffuser Leidensdruck oder einer ‚aggressiven Wachheit' sowohl nach innen und außen, die aber letztlich auch als Leiden manifest werden kann, was die steigende Zahl psychosomatischer Krankheitsbilder eindeutig belegt.

Zurückzuführen ist dieses Spürbarwerden der ‚Mangelhaftigkeit' auf die zunehmende Atomisierung und Bindungslosigkeit des Individuums bei gleichzeitig rauschhafter Zunahme von Identitätsangeboten und einer **beliebig gewordenen Symbolisierung**; eine Symbolisierung bei der deutlich zu werden beginnt, daß sich die ‚Motiviertheit' eines Symbols tendenziell verflüchtigt, indem es in verschiedenste Erscheinungsformen der kapitalistischen Gesellschaft, vor allem aber in die Warenwelt selbst, Eingang findet.

Unter der Motiviertheit des Symbols ist nach Japp ein ‚zeitlich oder räumlich begrenzter Interpretationsspielraum einer bestimmten Kultur zu verstehen, in der das Symbol funktioniert'. (251) Waren nun Symbole in weniger komplex strukturierten Gesellschaftsformationen dadurch ausgezeichnet, daß zwischen Symbolisierendem und Symbolisiertem eine ‚natürliche' und ‚deutliche' Beziehung bestand, so ist diese im Zuge einer Produktion im Schwinden begriffen, die lediglich auf die Tauschwertseite hin produziert und auf Grund der inhärenten Gesetzmäßigkeiten auch wohl produzieren muß. Damit das Wort ‚beliebig' nicht mißverstanden wird. Beliebig meint hier, daß verschiedenste Zeichen, Erscheinungsformen und Produkte in kapitalistischer Gesellschaft verschiedenste und wechselnde Symbolisierungen erfahren und von daher die Symbolisierung ‚beliebig' wird. Denn: „Das Symbol interpretiert das Zeichen." (252) **Alles kann zum Symbol für alles werden.** Eine ‚natürliche', eindeutige Referenz ist nicht mehr aufspürbar. Ein Gedankengang, der den französischen Soziologen Jean Baudrillard zu der These gelangen ließ, daß sich hochkapitalistische Gesellschaftsformen von Gesellschaften der **Repräsentation zu Gesellschaften der Simulation** wandeln, die lediglich von einem Gedanken beseelt sind, nämlich dem Gedanken der Reproduktion des Gesamtsystems als solchem.

Ich möchte allerdings für die hier zur Diskussion stehende Problematik die These vertreten, daß die beliebige Symbolisierung letztlich doch ‚motiviert' ist.

Motiviert nicht in einem instrumentellen Sinne, sondern insofern motiviert als die beliebige Symbolisierung darauf abzielt, das Individuum auf allen Ebenen seines gelebten Verhältnisses zur Welt als mangelfrei, vollständig und identisch erscheinen zu lassen.

Und sei es nur, daß bestimmte Produkte der Warenwelt phallisch markiert werden und von daher dazu dienen, eine imaginäre Vervollständigung, eine Ganzheit zu symbolisieren. Allerdings eben doch nur symbolisieren; d.h. lebenspraktisch läßt sich diese Ganzheit nicht auf Dauer bestätigen, es bedarf dann einer erneuten ‚Mangelausfüllung'.

Denn unsere Gesellschaft tendiert dazu, ein Individuum in Szene setzen zu wollen, das perfekt, ganzheitlich, fehlerlos wie ein Computer ist, also in sich geschlossen, ohne Mangel. (153) Doch dieses Unterfangen muß langfristig in sein Gegenteil umschlagen. Insofern nämlich, als dieses Bemühen im Individuum selbst Leiden produzieren muß und ein aggressives Klima nach innen und außen schafft.

Denn Mängel an der eigenen Person und Differenzen zum Anderen gilt es auszufüllen oder zu beseitigen.

Alles der eigenen Selbstvergewisserung wegen und um der Verunsicherung zu entgehen. Angekratzte Spiegel sind eben doch schlechter zu handhaben als glatte Spiegel, weil letztere die totale projektive Identifikation ermöglichen und weil es in diesem spiegelhaften Verhältnis keinen Widerspruch zu geben scheint bzw. selbiger leicht verkannt werden kann.

Gesamtgesellschaftlich läuft diese Tendenz hinaus auf eine ungeheure Normalisierung und Vereinheitlichung, hin zu einem homogenen Gesellschafts‚körper', der selbst keine Unebenheiten besitzt.

Und vielleicht wird man eines Tages diejenigen Individuen (sofern nicht bereits kaserniert), die der Volksmund treffend ‚Originale' nennt, nur noch in einer Art menschlichem Zoo und Zirkus oder lediglich auf der Leinwand bewundern können.

Aber genau diese sicherlich z.T. fiktiven oder makabren Vorstellungen, die sich dennoch tendenziell bereits abzuzeichnen beginnen, lassen auch das deutlich werden, was man als Gegenstrategie, als Utopie oder Auflehnung bezeichnen könnte.

Die Gegenstrategie könnte m.E. nur lauten, daß dem **Mangel ermangelt** wird, der Jagd nach dem Phallus, nach Vollständigkeit und Einheitlichkeit ein

Ende gesetzt wird. Denn damit wäre denkbar Andersartigkeiten, Differenzen, Schwächen und Widersprüchlichkeiten lebbar zu machen, ohne sie der selbstzerstörenden und zerstörenden imaginären Vereinheitlichung zu unterwerfen.

Lebbar insofern als sie der kooperativen, produktiven Auseinandersetzung anheim gegeben werden könnten, die das Heterogene, die Differenz nicht unter eine letztlich hierarchische Struktur oder ein vereinheitlichendes Imago subsumieren müßte oder letztlich gar auszuschließen hätte.

Und wenn ich sage, daß dem Mangel ermangelt werden soll, so handelt es sich hier nicht um einen asketischen Diskurs. Im Gegenteil. Denn die kapitalistische Gesellschaft ist bei aller vorgespiegelten Fülle nämlich überaus asketisch strukturiert. Asketisch insofern schon als das zwanghafte Beharren auf **eine** Ich-Gewißheit, auf eine Autonomie selbst der größte asketische Akt ist.

Nein. Die ‚Mangelermangelung' wäre die beständige Verunsicherung imaginärer Selbst- und Ich-Bilder, wäre der Aufbruch starrer ritueller Formen der Selbstvergewisserung und Selbstproduktion, damit letztlich auch das Hinterfragen des gesellschaftlich selbstverständlich Gewordenen.

Am Ende könnte sogar ein subversives Lachen stehen; ein Lachen über **eine** Identität, **eine** Einheit, weil ihr nämlich eine nicht mehr genau festgeschriebene und damit auch fest sanktionierte **Vielheit** gegenüberstehen würde.

Auf einen Punkt möchte ich allerdings noch eingehen. Lacan hat gesagt, daß man dem Imaginären nie entrinnen und es nie genau situieren kann. Ich habe nun bei der Lektüre Lacans den Eindruck gewonnen, daß bei ihm das Imaginäre letztlich doch als Phantasma, Illusion oder Täuschung erscheint, also einen wesentlich negativ konotierten Beigeschmack hinterläßt.

Demgegenüber scheint mir Althusser deutlichere Worte gesprochen zu haben, indem er nämlich die Veränderung der Welt auch und gerade der imaginären Funktion zuschreibt, manifestiert in den Hoffnungen, Wünschen und Sehnsüchten auf eine andere Welt. D.h. für Althusser ist das Imaginäre bzw. die imaginäre Funktion selbst nochmal möglicher Ort der Veränderung des Verhältnisses der Individuen zu ihren Existenzbedingungen.

Allerdings – so denke ich – speisen sich diese Imaginationen aus solidarisch, kooperativen, letztlich sozial verankerten Zusammenhängen; diese beziehen gerade ihre Kraft aus der Tatsache, daß sie sich hervorbringen aus der ständigen Verunsicherung und dem Hinterfragen dieser Imaginationen, eben weil diese gerade aus Widersprüchen geboren wurden und selbige auch transportieren. Und insofern stehen diese Imaginationen in krassem Gegensatz zu ideologisch-rituellen Formen der Selbstspeisung und Selbstvergewisserung; Formen der zirkulären Selbstbespiegelung, kreisend um ein Zentrum mit dem praktischen Effekt des Ausschlusses und der Verdrängung all dessen, was diese Struktur stört.

Es kann also nicht um den Aufbau einer neuen Alternative gehen: ‚Zerfließen des Subjekts' hier ‚einheitliches Subjekt' dort. Denn wir brauchen, schon um der ‚Not des Lebens' adäquat begegnen zu können, Selbstvergewisserung, Identität; aber wir brauchen nicht **eine** Identität oder **die** Identität.

Wohl niemand hat das, was ich hier zu beschreiben versucht habe – und damit komme ich zum Schluß –, kürzer und präziser formuliert als Christa Wolf in ihrer vierten Vorlesung im Rahmen der Frankfurter Poetik Vorlesung als sie fragte:

„Freude aus Verunsicherung ziehen, wer hat uns das je beigebracht?"

Anmerkungen

ANMERKUNGEN ZU KAPITEL II

1) Vgl. GUTTANDIN, F.: Genese und Kritik des Subjektbegriffs, Marburg 1980, S. 295.
2) ebd., S. 297.
3) MARX-ENGELS-Werke 1: Berlin 1977, S. 378.
4) ebd., S. 378.
5) ebd.
6) ebd.
7) ebd.
8) ebd., S. 381.
9) ebd., S. 390.
10) GUTTANDIN, F.: a.a.O., S. 300.
11) ALTHUSSER, L.: Ideologie und ideologische Staatsapparate, Hamburg/Westberlin 1977, S. 134.
12) MARX-ENGELS-Werke: Ergänzungsband I, Berlin 1977, S. 467.
13) ebd., S. 510.
14) ebd.
15) ebd.
16) ebd., S. 511.
17) RANCIERE, J.: Der Begriff der Kritik und die Kritik der politischen Ökonomie, Berlin 1972, S. 19.
18) MARX-ENGELS-Werke: Ergänzungsband I, a.a.O., S. 511/12.
19) ebd., S. 512.
20) ebd., S. 516/17.
21) Vgl. zu dieser Argumentationsfigur:
POULANTZAS, N.: Politische Macht und gesellschaftliche Klassen, Frankfurt/M. 1980, S. 193/94.
22) GUTTANDIN, F.: a.a.O., S. 307.
23) RANCIERE, J.: a.a.O., S. 18.
24) Wie problematisch der Begriff des Wiedererkennens ist und welche Implikationen er enthält, soll vor allem bei der Beschäftigung mit Althusser deutlich werden.
25) MARX-ENGELS-Werke: Ergänzungsband I, a.a.O., S. 533.
26) ebd.
27) ebd.; Hervorhebung von mir.
28) ebd., S. 674.
29) Vgl. ALTHUSSER, L.: Widerspruch und Überdetermination, in: Ders.: Pur Marx, Frankfurt/m' 1968, S. 56ff.
30) ALTHUSSER, L.: Ideologie ..., a.a.O., S. 135.
31) MARX-ENGELS-Werke 13, Berlin 1975, S. 10.
32) ALTHUSSER, L.: Pour Marx, a.a.O., S. 37.
33) ebd., S. 38.
34) MARX-ENGELS-Werke 3, Berlin 1969, S. 13/14.
35) ALTHUSSER, L.: Ideologie ..., a.a.O., S. 130.
36) MARX-ENGELS-Werke 3, a.a.O., S. 20.
37) ebd., S. 21
38) ebd., S. 26.

39) ebd.
40) Vgl. ALTHUSSER, L.: Ideologie ..., a.a.O., S. 130/31.
41) ebd., S. 131/32.
42) MARX-ENGELS-Werke 3, a.a.O., S. 33.
43) ebd., S. 46.
44) SCHMIDT, W.: Probleme einer Metakritik der Anthropologie, Bochum 1980, S. 361ff.
45) MARX-ENGELS-Werke 23, Berlin 1974, S' 557 – 588.
46) ebd., S. 557.
47) ebd., S. 558.
48) ebd.
49) ebd., S. 559.
40) ebd., S. 562.
51) ebd., S. 561/62.
52) ebd., S. 562.
53) Vgl. ebd., S. 564.
55) Eine ausführliche Interpretation dieser Kapitel des ‚Kapitals', vor allem der m.E. problematische Versuch, die Gedankengänge von Marx mit denen Hegels in der ‚Phänomenologie des Geistes' nicht nur in Verbindung zu bringen, sondern Marx mit Hegel verständlicher zu machen, findet sich in:
SCHMIDT, W.: a.a.O., S. 375ff.
56) MARX-ENGELS-Werke 25, Berlin 1975, S. 383.
57) ebd., S. 385.
58) ebd., S. 387.
59) ebd.
60) ebd., S. 387,
Der Unternehmergewinn wird denn auch von den Kapitalisten als Unternehmerlohn bezeichnet; er ist in der Regel wesentlich höher als der Lohn des Arbeiters, was aber mit dem Hinweis auf Risiko, besondere Geschicklichkeit, Engagement oder ähnliches gerechtfertigt wird.
61) ebd., S. 387/88.
62) Zwischen diesen Passagen und den berühmten Passagen von Marx zu Beginn des ‚Kapital' im Kapitel ‚Der Fetischcharakter der Waren und sein Geheimnis' besteht nun eine gewisse Diskrepanz, insofern als die Produktion der ‚falschen' Vorstellungen der Individuen dort nicht eng an die Praxis derselben geknüpft wird, sondern der Warenform selbst zu entspringen scheint.
Der Gang der Marxschen Argumentation dürfte hinlänglich bekannt sein. Für Marx entspringt der rätselhafte Charakter des Arbeitsprodukts der Warenform selbst.
„Aller Mystizismus der Warenwelt, all der Zauber und Spuk, welcher Arbeitsprodukte auf Grundlage der Warenproduktion umnebelt, verschwindet daher sofort, sobald wir zu anderen Produktionsformen flüchten." (MEW 23, S. 90.)
Ich möchte hier auf eine umfangreiche, kapital-immanente Analyse verzichten, da sie erstens den Rahmen der Arbeit weit sprengen würde und zweitens für den Gang der weiteren Argumentation von nebensächlicher Bedeutung ist, allerdings auf einen Aufsatz von BALIBAR, E. verweisen.
(BALIBAR, E.: Über historische Dialektik, in: Jaeggi, U./Honneth, A.: Theorien des historischen Materialismus, Frankfurt/M. 1977, S. 293ff.)
Balibar hat sich eingehend mit Funktion und Status des ‚Fetischkapitels' in der theoretischen Formation des Kapitals auseinandergesetzt.
Zentrale These Balibars ist, daß das ‚Fetischkapitel' als *nicht* marxistisch im streng theoretischen Sinne angesehen werden muß. Es ist selbst ideologisch und erfüllt eine ideologische Funktion. Ideologisch insofern, „,... es ein Hindernis bildet (und historisch ein Hindernis war) für eine materialistische Theorie der Ideologie und

der Geschichte der Ideologien; sie errichtet ein Hindernis genau dort, wo diese Theorie erforderlich ist; um einen ideologischen *Effekt* zu *erklären*." (ebd., S. 310) Eine ‚positive' ideologische Funktion, nämlich eine philosophisch-politische Funktion übernimmt nach Balibar das ‚Fetischkapitel' insofern, als es dem Leser gleich zu Beginn des ‚Kapital' vor Augen führt, daß diese Verhältnisse, Verhältnisse in denen den Individuen die Produkte ihrer Arbeit entgegentreten in verdinglichter, versachlichter Form, und diese Dingwelt sie beherrscht und ihre ganzen Beziehungen durchdringt, abgeschafft gehören. D.h. Balibar bestreitet nicht, daß so etwas wie Fetischismus/Verdinglichung in kapitalistischer Gesellschaft besteht, ganz im Gegenteil, sondern er konstatiert, daß Termini wie Verdinglichung und Fetischismus nicht ausreichen, um die Hervorbringung eines ideologischen Effekts hinreichend theoretisch denken zu können. Der wohl wichtigste Theoretiker der Verdinglichung dürfte G. Lukacs sein.

63) SCHMIDT, W.: a.a.O., S. 384.

ANMERKUNGEN ZU KAPITEL III

64) MARX-ENGELS-Werke 32, Berlin 1973, S. 552.
65) Vgl.: Argument Sonderband 40, Berlin 1979, S. 109.
66) ALTHUSSER, L.: Ideologie und ideologische Staatsapparate, Berlin 1977, S. 115.
67) ebd., S. 111.
68) ebd., S. 111/112.
69) ebd., S. 113.
70) ebd.
71) Vgl.: ALTHUSSER, L.: Pour Marx, Frankfurt/M. 1968, S. 52 – 68.
72) MARX-ENGELS-Werke 37, Berlin 1978, S. 463.
73) Die Abkürzungen ‚ISA' und ‚RSA' werden im weiteren Verlauf der Arbeit verwendet werden.
74) Lenin-Werke, Bd. 25, Berlin 1977, S. 400.
75) Anmerkung zur Übersetzung: Der französische Ausdruck ‚syndical' bezeichnet nicht nur die Gewerkschaften der Arbeiter, sondern alle Berufsverbände, einschließlich der Unternehmerverbände. Dies ist zu beachten, da sich sonst erhebliche Mißverständnisse einschleichen könnten.
76) ALTHUSSER, L.: Ideologie ..., a.a.O., S. 119f.
77) In der Unterscheidung zwischen RSA/ISA scheinen mir doch erhebliche theoretische Schwierigkeiten zu liegen. Man könnte sich z.B. fragen, ob und wie sich ein ‚autonomes Jugendzentrum', ein selbstverwaltetes Kulturzentrum oder ein Frauenhaus der ‚autonomen' Frauenbewegung in das Begriffspaar ISA/RSA einordnen ließe, zumal diese Apparate als *Staats*apparate bezeichnet werden. D.h. in welchem Verhältnis stehen diese Apparate zur Funktion des Staates?
Gerade die Unzulänglichkeit der Unterscheidung RSA/ISA durch Althusser in bezug auf die Funktion und Tätigkeit des Staates ist von Poulantzas kritisiert worden, insofern sich die Funktion des Staates nun wahrlich nicht auf die Dualität Ideologie/Repression reduzieren läßt.
Der Unterscheidung RSA/ISA kommt allerdings das Verdienst zu, „... die staatliche Sphäre durch die Einbeziehung einer Reihe von Hegemonieapparaten mit oft ‚privatem' Charakter auszuweiten und die ideologische Rolle des Staates hervorzuheben."
(Poulantzas, N.: Staatstheorie, Hamburg 1978, S. 31. Alle weiteren Zitate beziehen sich auf dieses Buch.)
Dennoch muß nach Poulantzas der Konzeption der Unterscheidung RSA/ISA mit ‚grundsätzlichen Vorbehalten' begegnet werden. Dieser Konzeption liege „... eine beschränkte Konzeption des Staates und seines Wirkungsfeldes" (31) zugrun-

de, insofern sie z.B. der ‚Materialität der Beziehungen zwischen dem Staat und den Volksmassen' nicht Rechnung trägt, wenn diese Beziehung auf das Paar Ideologie/Repression reduziert wird.
„Unter anderem deshalb, weil der Staat in dem Feld eines instabilen Kompromißgleichgewichts zwischen den herrschenden und den beherrschten Klassen für die Erhaltung der Klassenhegemonie agiert. Der Staat übernimmt daher beständig eine Reihe von positiven materiellen Maßnahmen für die Volksmassen, selbst wenn diese Maßnahmen durch den Kampf der beherrschten Klassen durchgesetzte Konzessionen darstellen." (S. 28f.)

78) ALTHUSSER, L.: Ideologie ..., a.a.O., S. 122.
79) ebd.
80) ebd., S. 124.
81) ebd., S. 131.
82) ebd.
83) MARX-ENGELS-Werke 3, Berlin 1969, S. 26f.
84) Vgl.: Ausführungen in Kapitel II dieser Arbeit. ‚Die deutsche Ideologie'.
85) ALTHUSSER, L.: Ideologie ..., a.a.O., S. 132.
86) ebd.
87) ebd., S. 133.
88) ALTHUSSER, L.: Pour Marx, a.a.O., S. 187.
89) ebd.
90) Vgl.: Argument Sonderband 40, vor allem S. 125ff. Berlin 1979.
Prinzipiell halte ich die Vorstellung des Althusserschen Ansatzes durch das ‚PIT' für überaus problematisch, vor allem dann, wenn es um die Rezeption und Diskussion der theoretischen Grundlagen Althussers, speziell der Psychoanalyse J. Lacans geht.
91) ALTHUSSER, L.: Pour Marx, a.a.O., S. 184.
92) Vgl.: ebd. den Aufsatz ‚Marxismus und Humanismus'.
93) ALTHUSSER, L.: Ideologie ..., a.a.O., S. 135f., Hervorhebung von mir.
94) ALTHUSSER, L.: Theorie, pratique et formation theorique. Ideologie et lutte ideologique, April 1965, hektographiert. Zitiert nach: Karsz, S.: Theorie und Politik: Louis Althusser, Frankfurt/M. 1974.
95) ALTHUSSER, L.: Ideologie ..., a.a.O., S. 137.
96) ebd., S. 138.
97) ebd., S. 139.
98) ebd.
99) Man denke an: Subiecere (lat.) = unterwerfen.
100) ALTHUSSER, L.: Ideologie ..., a.a.O., S. 144.
101) ebd., S. 141.
102) ebd., S. 142.
103) ebd., S. 134.
104) ebd., S. 147f.
105) ebd., S. 149.
106) Immer wieder klingt bei Althusser die Bezugnahme auf die Psychoanalyse durch, z.B. im Gebrauch psychoanalytischer Termini wie etwa: Überdeterminierung, Verschiebung, Verdichtung usw. Ganz besonders deutlich wird die theoretische Bezugnahme – wenn auch nicht explizit hervorgehoben – z.B. im methodologisch-philosophischen Vorspann des Buches ‚Das Kapital lesen'. Althusser, L./Balibar, E.: Das Kapital lesen I, Reinbek 1972, S. 11 – 94. Dann nämlich wenn Althusser in diesem Kapitel eine Lesetheorie entwickelt, die eindeutig psychoanalytisch motiviert ist.
107) ALTHUSSER, L.: Freud und Lacan, Berlin 1976, S. 35.

108) ALTHUSSER, L.: Freud und Lacan, a.a.O., S. 23.
109) SAUSSURE, F. de: Grundfragen der allgemeinen Sprachwissenschaft, Berlin 1967.
110) Vgl. HELBIG, G.: Geschichter der neueren Sprachwissenschaft, Reinbek 1974, S. 33.
111) BIERWISCH, M.: Strukturalismus, Geschichte, Probleme und Methoden, in: Kursbuch 5, Berlin 1966, S. 79f.
112) Vgl. dazu die ausführlichen Darlegungen von BIERWISCH, aber auch von HELBIG, a.a.O., S. 14ff.
113) HELBIG, G.: a.a.O., S. 15.
114) Vgl. BIERWISCH, M.: a.a.O., S. 81.
115) Ders.: a.a.O., S. 80f.
116) SCHIWY, G.: Der französische Strukturalismus, Reinbek 1969, S. 39.
117) Vgl. HELBIG, G.: a.a.O., S. 33.
118) GALLAS, H.: Textbegehren, Reinbek 1981, S. 36.
119) SAUSSURE, F. de: a.a.O., S. 11
120) Vgl. Abbildung HELBIG, G.: a.a.O., S. 37.
121) Vgl. SAUSSURE, F. de: a.a.O., S. 14.
122) ebd., S. 15.
123) HELBIG, G.: a.a.O., S. 35.
124) SAUSSURE, F. de: a.a.O., S. 17.
125) ebd., S. 17.
126) Vgl. ebd., S. 17.
127) Vgl. ebd., S. 19.
128) Vgl. ebd., S. 77.
129) ebd., S. 79.
130) Vgl. ebd., S. 70.
131) ebd., S. 79.
132) S. WEBER hat vor allem in dem Kapitel ‚Der unbewußte Schachspieler' in: WEBER, S.: Rückkehr zu Freud, Frankfurt/Berlin/Wien 1978, S. 20ff., aber auch in den folgenden Kapiteln ‚Aufstieg und Fall des Signifikanten' und ‚Der gesperrte Abort' eine ausgezeichnete Darstelleung der Gedankengänge de Saussures vorgenommen. Vor allem ist er dem Hinweis Lacans in dessen Aufsatz ‚Das Drängen des Buchstabens im Unbewußten oder die Vernunft seit Freud' in: LACAN, J.: Schriften II, Olten 1975, S. 21f. intensivst nachgegangen, daß nämlich ähnliche sprachlichphilosophische Überlegungen wie sie de Saussure entwickelt, in der allgemeinsten Form schon in der Antike anzutreffen sind. Dies vor allem in den Auseinandersetzungen zwischen Aristoteles und den Sophisten. Der interessierte Leser sei auf diese Textstellen verwiesen.
133) SAUSSURE, F. de: a.a.O., S. 80.
134) ebd., S. 82.
135) ebd., S. 138.
136) ebd., S. 139f.
137) Vgl. GALLAS, H.: a.a.O., S. 38ff.
138) SAUSSURE, F. de: a.a.O., S. 143.
139) ebd., S. 144.
140) LACAN, J.: Schriften II, a.a.O., S. 15ff.
141) ebd., S. 23.
142) Vgl. WEBER, S.: Rückkehr zu Freud, a.a.O., S. 31.
143) ebd., S. 30f.
144) GALLAS, H.: a.a.O., S. 39.
145) LACAN, J.: Schriften II, a.a.O., S. 19.
146) Vgl. ALTHUSSER, L.: Freud und Lacan, a.a.O., S. 25.

147) LACAN, J.: Schriften II, a.a.O., S. 21.
148) ebd., S. 27.
149) ebd., S. 29.
150) ALTHUSSER, L.: Freud und Lacan, a.a.O., S. 24.
151) LACAN, J.: Schriften II, a.a.O., S. 173.
152) SAUSSURE, F. de: a.a.O., S. 147.
153) JAKOBSON, R.: Zwei Seiten der Sprache und zwei Typen aphatischer Störungen, zit. nach: JAKOBSON, R.: Aufsätze zur Linguistik und Poetik, Frankfurt/Berlin/Wien 1979.
154) ebd., S. 121.
155) ebd.
156) Vgl. ebd., S. 134.
157) Vgl. LACAN, J.: Schriften II, a.a.O., S. 28.
158) ebd., S. 29.
159) GALLAS, H.: a.a.O., S. 44ff.
160) LACAN, J.: Schriften II, a.a.O., S. 32.
161) ebd., S. 30.
162) ebd., S. 32.
163) GALLAS, H.: a.a.O., S. 51.
164) FREUD, S.: Gesammelte Werke XIV, Frankfurt/M. 1952, S. 73.
165) FREUD, S.: Gesammelte Werke II/III, a.a.O., S. 166.
166) ebd., S. 284.
167) ebd., S. 283.
168) FREUD, S.: Neue Folge der Vorlesungen zur Einführung in die Psychoanalyse, Frankfurt/M. 1978, S. 27.
169) FREUD, S.: Gesammelte Werke II/III, a.a.O., S. 669.
170) FREUD, S.: Gesammelte Werke XV, a.a.O., S. 19.
171) FREUD, S.: Gesammelte Werke II/III, a.a.O., S. 666.
172) ebd., S. 310.
173) FREUD, S.: Gesammelte Werke XV, a.a.O., S. 21.
174) FREUD, S.: Gesammelte Werke II/III, a.a.O., S. 510f.
175) ebd., S. 530.
176) LACAN, J.: Schriften II, a.a.O., S. 49.
177) FREUD, S.: Gesammelte Werke II/III, a.a.O., S. 284.
178) LACAN, J.: Schriften II, a.a.O., S. 36.
179) ebd., S. 48.
180) ebd., S. 212.
181) ECO, U.: Zeichen, Frankfurt/M. 1977, S. 110.
182) BARTHES, R.: Lektion, Frankfurt/M. 1980, S. 19.
183) Diese Position BARTHES steht damit in krassem Gegensatz zu den Positionen z.B. von Jürgen HABERMAS, der sicherlich in kritischer Absicht das Bild eines für möglich gehalten herrschaftsfreien Diskurs entwirft. Denselbigen aufzuspüren dürfte, wenn man die ganzen vorhergehenden Ausführungen berücksichtigt, auf erhebliche Schwierigkeiten stoßen. Der herrschaftsfreie Diskurs stellt sich auch nicht, wie HABERMAS glaubt, in der psychoanalytisch-therapeutischen Situation her. Im Gegenteil, der gängige psychoanalytische Diskurs kann als der Herrschaftsdiskurs par excellance bezeichnet werden, vor allem dann, wenn er sich als ‚freier' in Szene setzt. Darauf hingewiesen zu haben ist nicht zuletzt LACANS Verdienst.
184) Herausragende Beispiele für diskurstheoretische und diskursanalytische Arbeiten haben z.B. FOUCAULT, M. in: ‚Die Ordnung der Dinge', Frankfurt/M. 1971 oder in bezug auf Hervorbringung des Gegenstandsfeldes ‚Wahnsinn' ders. in: Wahnsinn und Gesellschaft, Frankfurt/M. 1978 geliefert. Für den deutschsprachigen Raum sei z.B. auf die Arbeiten von GALLAS, H. oder aber von SCHULLER, Marianne verwiesen.

ANMERKUNGEN ZU KAPITEL V

185) Eine ausführliche und recht übersichtliche Darstellung des Ich-Begriffs bei Freud findet sich bei:
DREWS/BRECHT: Psychoanalytische Ich-Psychologie, Frankfurt 1982.
186) Vgl. DREWS/BRECHT: a.a.O., S. 33 – 45 oder ARLOW/BRENNER. Psychoanalytische Grundbegriffe, Reinbek 1976.
187) Genaugenommen müßte man mit der Radikalität Freuds sagen, daß *alles Denken unbewußt* ist und sich ein bewußter Gedanke von einem bewußten Gedanken lediglich dadurch unterscheidet, daß beim letzteren eine Verbindung mit einer Wortstellung hinzukommt.
188) FREUD, S.: Gesammelte Werke VIII, a.a.O., S. 243.
189) ebd., S. 175.
190) ebd., S. 181f.
191) ebd., S. 183.
192) ebd., S. 264.
193) LACAN, J.: Schriften I, Frankfurt 1975, S. 61ff.
194) Ders.: Freuds technische Schriften, Olten 1978.
195) Ders.: Das Ich in der Theorie Freuds und in der Technik der Psychoanalyse, Olten 1980.
196) Ders.: Schriften I, a.a.O., S. 63.
197) ebd., S. 67.
198) Die Bilder des H. Bosch demonstrieren auf eindrucksvolle Weise diese nicht bewußten Zerstückelungsphantasien und beziehen ihre Faszination gerade aus der Lockung in eben diesen Zustand der Selbstauflösung zu verfallen.
199) LACAN, J.: Schriften I, a.a.O., S. 64.
200) Legt man diesen Repräsentationsvorgang zugrunde, so hat dies entscheidende Konsequenzen für den psychoanalytischen Begriff des *Triebes* bzw. gegen eine biologistisch-substanzielle Interpretation desselben.
Wenn Freud nämlich 1915 in DAS UNBEWUSSTE schreibt:
„Ich meine wirklich, der Gegensatz von bewußt und unbewußt hat auf den Trieb keine Anwendung. Ein Trieb kann nie Objekt des Bewußtseins werden, nur die Vorstellung, die ihn repräsentiert. Er kann aber auch im Unbewußten nicht anders als durch eine Vorstellung repräsentiert sein. Würde ein Trieb sich nicht an eine Vorstellung heften oder nicht als ein Affektzustand zum Vorschein kommen, so könnten wir nichts von ihm wissen.“
Soll heißen, wenn der Trieb durch eine Vorstellung repräsentiert wird, das Repräsentierte aber allererst durch das Repräsentierende hervorgebracht wird, so wird deutlich, daß der Trieb nicht wesenhaft-substanziell ist, sondern selbst als gesellschaftlich determiniert und strukturiert zu denken ist.
201) LACAN, J.: Das Ich in der ..., a.a.O., S. 73.
202) Vgl. WEBER, S.: Rückkehr zu Freud, Frankfurt/Berlin/Wien 1978, S. 89.
203) LACAN, J.: Das Ich in der ..., a.a.O., S. 55ff.
204) ebd., S. 66.
205) ebd., S. 67.
206) ebd., S. 70.
207) LACAN, J.: Freuds technische Schriften, a.a.O., S. 215.
208) ebd., S. 200f.
209) ebd., S. 218.
210) ALTHUSSER, L.: Freud und Lacan, a.a.O., S. 29.
211) ebd., S. 30.
212) LACAN, J.: Freuds technische Schriften, a.a.O., S. 220.
213) ebd., S. 235.

214) FREUD, S.: Studienausgabe Bd. III, Frankfurt 1982, S. 66. Einführung in den Narzißmus.

215) LACAN, J.: Freuds technische Schriften, a.a.O., S. 183.

216) Hier ist nun eine zweite wesentliche Bestimmung des Unbewußten durch Lacan einzubringen. Für ihn – wir hatten dies gesehen – zeichnet sich das Unbewußte durch seine sprachliche Struktur aus und zum anderen dadurch, daß das Unbewußte der Diskurs des Anderen mit dem großen A ist. (Vgl. LACAN, J.: Schriften II, a.a.O., S. 51.)
„Der große Andere ist der Vater und die Sprache, er ist die sprachliche Strukturiertheit des Unbewußten, er ist Ort der Entfaltung der Rede. Mein Begehren ist von diesem Anderen her und dessen Dialektik von An- und Abwesenheit bestimm."
HEINRICHS, H.-J.: Sprachkörper, Frankfurt/M. 1983, S. 152.

217) An dieser Stelle möchte ich noch einmal ausdrücklich darauf hinweisen, daß der psychoanalytische Begriff des Objekts nichts mit dem gemeinhin geläufigen Objektbegriff zu tun hat, bei dem ein Subjekt sich des Objekts zu bemächtigen trachtet im Sinne eines instrumentellen Verhältnisses.
Das Begehren realisiert sich zwar am Objekt, wird aber diesem nie habhaft, sondern die Bewegung ließe sich als ein Umkreisen des Objekts durch das Begehren verbildlichen.

218) LACAN, J.: Freuds technische Schriften, a.a.O., S. 218.

219) ebd., S. 201.

220) ebd., S. 223.
Vgl. dazu auch die Deutung, die Lacan dem berühmten Fort/Da-Spiel gibt, welches Freud am Spulenspiel eines kleinen Jungen aufzeigt. Freud legt dabei besonderen Wert auf die Feststellung, daß der Junge im Spiel versucht, den Verlust der Mutter, also deren An- und Abwesenheit zu bewältigen. Für Lacan ist nun seinerseits entscheidend, daß dies in verbalisierter Form geschieht, nämlich durch die phonetische Opposition Fort – Da. (Vgl. LACAN, J.: Freuds technische Schriften, a.a.O., S. 220ff.)
In diesem Zusammenhang führt Lacan den Begriff des *Anspruchs* ein, der auf die totale Liebesbefriedigung abzielt, also auf die totale Anwesenheit der Mutter, die ja die Macht hat, die Bedürfnisbefriedigung (z.B. Nahrung) zu gewähren oder aber vorzuenthalten. Das Begehren nun bezieht seine Dynamik, wie wir gesehen hatten, genau aus der Zerstörung der imaginären Beziehung, aus der Enttäuschung des Anspruchs.

221) LACAN, J.: Freuds technische Schriften, a.a.O., S. 202.

ANMERKUNGEN ZU KAPITEL VI

222) Argument, Das: 137, Berlin 1983, S. 26.

223) ALTHUSSER, L.: Antwort an John Lewis, Berlin 1973, S. 53.

224) Vgl. ALTHUSSER, L.: Das Kapital lesen, Bd. I, S. 1 – 71.

225) ALTHUSSER, L.: Freud und Lacan, a.a.O., S. 20.

226) Vgl. TORT, M.: Die Psychoanalyse im historischen Materialismus, Berlin 1976, S. 60ff.

227) SLOTERDIJK, P.: Kritik der zynischen Vernunft, Frankfurt/M. 1983, S. 156.

228) BENJAMIN, W.: Werkausgabe in 12 Bänden, Frankfurt/M. 1980.
Erfahrung und Armut, Bd. II.1., S. 213ff.
Über einige Motive bei Baudelaire, Bd. I.2., S. 205ff.

229) Eine ganz ausgezeichnete Auseinandersetzung mit dem Schockbegriff bei Benjamin findet sich bei: HILLACH, A.: Erfahrungsverlust und chockartige Wahrnehmung, in: Alternative 132/33, Berlin 1980.

230) HILLACH, A.: a.a.O., S. 111f.
231) BENJAMIN, W.: Über einige Motive ..., a.a.O., S. 610f.
232) HILLACH, A.: a.a.O., S. 114f.
233) BENJAMIN, W.: Über einige Motive ..., a.a.O., S. 611.
234) BICHSEL, P.: Der Leser. Das Erzählen. Darmstadt/Neuwied 1982, S. 17ff. Hervorhebungen von mir.
235) BAUDRILLARD, J.: Fetischismus und Ideologie: die semiologische Reduktion, in: Pontalis, J.-B.: Objekte des Fetischismus, Frankfurt/M. 1972, S. 326.
236) Vgl. Argument, Das, Sonderband 62, Faschismus und Ideologie, Berlin 1980.
237) Vgl. THEWELEIT, Kl.: Männerphantasien 2 Bde., Frankfurt/M. 1977.
238) Vgl. SCHIVELBUSCH, W.: Das Paradies, der Geschmack und die Vernunft, Frankfurt/M./Berlin/Wien 1982.
239) BARTHES, R.: Mythen des Alltags, Frankfurt/M. 1980.
240) HORKHEIMER/ADORNO: Dialektik der Aufklärung, Frankfurt/M. 1979, S. 7.
241) BARTHES, R.: Mythen des Alltags, a.a.O., S. 124.
242) ebd., S. 124f.
243) ebd., S. 128.
244) ebd., S. 129.
245) ebd., S. 130.
246) ebd., S. 129.
247) CANETTI, E.: Masse und Macht, Frankfurt/M. 1982, S. 249.
248) CIXOUS, H.: Die unendliche Zirkulation des Begehrens, Berlin 1977, S. 21ff.
249) Vgl. FOUCAULT, M.: Wahnsinn und Gesellschaft, Frankfurt/M. 1978.
250) ALTHUSSER, L.: Freud und Lacan, a.a.O., S. 21.

ANMERKUNGEN ZU KAPITEL VII

251) JAPP, U.: Beziehungssinn, Frankfurt/M. 1980, S. 203.
252) ebd., S. 203.
253) Ich möchte an dieser Stelle nicht unerwähnt lassen, daß dieser Gedankengang aus einem längeren, interessanten Gespräch mit Axel Fleischer hervorgegangen ist. Axel Fleischer selbst ist durch eine Reihe von Veröffentlichungen in der mittlerweile nicht mehr existierenden Fachbereichszeitschrift „Einundzwanzig“ bekannt.

LITERATURVERZEICHNIS

ALTHUSSER, L.: Ideologie und ideologische Staatsapparate. Hamburg/Westberlin 1977.
ALTHUSSER, L.: Marxismus und Ideologie. Westberlin 1973.
ALTHUSSER, L.: Pour Marx. Frankfurt/M. 1968.
ALTHUSSER, L.: Die Krise des Marxismus. Hamburg 1978.
ALTHUSSER, L.: Elemente der Selbstkritik. Westberlin 1975.
ALTHUSSER, L.: Lenin und die Philosophie. Reinbek 1974.
ALTHUSSER, L.: Freud und Lacan. Berlin 1976.
ALTHUSSER, L.: Frühe Schriften zu Kunst und Literatur, in: Alternative 137. Berlin 1981.
ALTHUSSER, L.: Antwort an John Lewis. Westberlin 1973.
ALTHUSSER, L.: Bemerkungen zu einer Kategorie: ‚Prozeß ohne Subjekt und ohne Ende/Ziel'. Westberlin 1973.
ALTHUSSER, L.: Die Bedingungen der wissenschaftlichen Entdeckung von Marx. Westberlin 1973.
ALTHUSSER, L.: Anmerkung zur ‚Kritik des Personenkults'. Westberlin 1973.
ALTHUSSER, L./BALIBAR, E.: Das Kapital lesen. Bd. I und II. Hamburg 1972.
ALTERNATIVE: 132'33. Faszination Benjamin. Berlin 1980.
ARENZ/BISCHOFF/JAEGGI (Hrsg.): Was ist revolutionärer Marxismus? Westberlin 1973.
ARGUMENT, Das: Sonderband 40. Theorien über Ideologie. Berlin 1979.
ARGUMENT, Das: Sonderband 62. Faschismus und Ideologie 2. Berlin 1980.
ARGUMENT, Das: 94 Antworten auf Althusser. Berlin 1975.
ARGUMENT, Das: 137. Berlin 1983.
ARLOW, J.A./BRENNER, C.: Grundbegriffe der Psychoanalyse. Reinbek 1976.
BACHELARD, G.: Die Bildung des wissenschaftlichen Geistes. Frankfurt/M. 1978.
BACHMANN, J.: Werke. München/Zürich 1982.
BARTHES, R.: Mythen des Alltags. Frankfurt/M. 1980.
BARTHES, R.: Lecon/Lektion. Frankfurt/M. 1980.
BAUDRILLARD, J.: Agonie des Realen. Berlin 1978.
BAUDRILLARD, J.: Laßt euch nicht verführen! Berlin 1983.
BAUDRILLARD, J.: Kool Killer. Berlin 1978.
BAUDRILLARD, J.: Der Tod tanzt aus der Reihe. Berlin 1979.
BAUDRILLARD, J.: Der symbolische Tausch und der Tod. München 1982.
BAUDRILLARD, J.: Oublier Foucault. München 1978.
BENJAMIN, W.: Gesammelte Werke (Werkausgabe). Frankfurt/M. 1980.
BENOIST, J.;M. (Hrsg.): Identität. Stuttgart 1980.
BICHSEL, P.: Der Leser. Das Erzählen. Darmstadt/Neuwied. 1982.
BIERWISCH, M.: Strukturalismus und Linguistik, in: Kursbuch 5, Berlin 1966.
BRÜHMANN, H.: Der Begriff des Hundes bellt nicht. Wiesbaden 1980.
CANETTI, E.: Masse und Macht. Frankfurt/M. 1982.
CASTORIADIS, C.: Durchs Labyrinth. Seele, Vernunft, Gesellschaft. Frankfurt/M. 1983.
CIXOUS, H.: Die unendliche Zirkulation des Begehrens. Berlin 1977.
DELEUZE, G./GUATTARI, F.: Anti Ödipus. Frankfurt/M. 1977.
DERRIDA, J.: Grammatologie. Frankfurt/M. 1983.
DESCOMBES, V.: Das Selbe und das Andere. Frankfurt/M. 1981.

DIETZE, G. (Hrsg.): Die Überwindung der Sprachlosigkeit. Darmstadt/Neuwied 1979.
DREWS, S./BRECHT, K.: Psychoanalytische Ich-Psychologie. Frankfurt/M. 1982.
ECO, U.: Zeichen. Frankfurt/M. 1977.
EDER, K. (Hrsg.): Die Entstehung von Klassengesellschaften. Frankfurt/M. 1973.
FOUCAULT, M.: Die Ordnung des Diskurses. Frankfurt/M./Berlin/Wien 1977.
FOUCAULT, M.: Überwachen und Strafen. Frankfurt/M. 1977.
FOUCAULT, M.: Die Ordnung der Dinge. Frankfurt/M. 1978.
FOUCAULT, M.: Wahnsinn und Gesellschaft. Frankfurt/M. 1978.
FRANK, M.: Das Sagbare und das Unsagbare. Frankfurt/M. 1980.
FRANK, M.: Das individuelle Allgemeine. Frankfurt/M. 1977.
FREUD, S.: Gesammelte Werke. Frankfurt/M. 1952.
FREUD, S.: Studienausgabe. Frankfurt/M. 1982.
FREUD, S.: Neue Folge der Vorlesungen zur Einführung in die Psychoanalyse. Frankfurt/M. 1980.
GALLAS, H.: Textbegehren. Reinbek 1981.
DOELIER, M.: System, Struktur und Widerspruch im ‚Kapital'. Berlin 1970.
GOEPPERT, S. und H.S.: Sprache und Psychoanalyse. Reinbek 1973.
GOUX, J.-J.: Freud, Marx. Ökonomie und Symbolik. Frankfurt/M./Berlin/Wien 1975.
GRODDECK, G.: Das Buch vom ES. Frankfurt/M. 1979.
GRODDECK, G./FREUD, S.: Briefe über das ES. München 1974.
GUTTANDIN, F.: Genese und Kritik des Subjektbegriffs. Marburg 1980.
HEINRICHS, H.-J.: Sprachkörper. Frankfurt/M. 1983.
HEINRICHS, H.-J.: Die Schule der seelischen Leidenschaft, in: Psyche 7/78, Stuttgart 1978, S. 595ff.
HELBIG, G.: Geschichte der neueren Sprachwissenschaft. Reinbek 1974.
HILLACH, A.: Erfahrungsverlust und chockartige Wahrnehmung, in: Alternative 132/33, a.a.O.
HORKHEIMER, M./ADORNO, Th.W.: Dialektik der Aufklärung. Frankfurt/M. 1979.
IRIGARAY, L.: Waren, Körper, Sprache. Berlin 1976.
IRIGARAY, L.: Speculum. Frankfurt/M. 1980.
JAEGGI, U./HOENNETH: Theorien des historischen Materialismus. Frankfurt/M. 1982.
JAKOBSON, R.: Aufsätze zur Linguistik und Poetik. Frankfurt/Berlin/Wien 1979.
JAPP, U.: Beziehungssinn. Frankfurt/M. 1980.
KARSZ, S.: Theorie und Politik: Louis Althusser. Frankfurt/Berlin/Wien 1975.
KITTLER, F.A. (Hrsg.): Die Austreibung des Geistes aus den Geisteswissenschaften. Paderborn/München/Wien/Zürich 1980.
LACAN, J.: Schriften I. Frankfurt/M. 1975.
LACAN, J.: Schriften II. Olten 1975.
LACAN, J.: Schriften III. Olten 1980.
LACAN, J.: Die vier Grundbegriffe der Psychoanalyse. Olten 1980.
LACAN, J.: Das Ich in der Theorie Freuds und in der Technik der Psychoanalyse. Olten 1980.
LACAN, J.: Freuds technische Schriften. Olten 1978.
LANG, H.: Freud – ein Strukturalist? In: Psyche 10/80, Stuttgart 1980, S. 865ff.
LAPLANCHE, J./PONTALIS, J.-B.: Vokabular der Psychoanalyse. Frankfurt/M. 1980.
LECLAIRE, S.: Der psychoanalytische Prozeß. Frankfurt/M. 1975.
LECOURT, D.: Kritik der Wissenschaftstheorie. Westberlin 1975.
LENIN, W.I.: Werke Bd. 25. Berlin 1977.
LENK, E.: Die unbewußte Gesellschaft. München 1983.
LENK, K, (Hrsg.): Ideologie, Ideologiekritik und Wissenssoziologie. Darmstadt/Neuwied 1978.
LEPENIES, W./RITTER, H.H. (Hrsg.): Orte des wilden Denkens. Frankfurt/M. 1974.
LEVI-STRAUSS, C.: Mythos und Bedeutung. Frankfurt/M. 1980.
LEVI-STRAUSS, S.: Strukturale Anthropologie I. Frankfurt/M. 1978.

LEVI-STRAUSS, C.: Traurige Tropen. Frankfurt/M. 1979.
LIPOWATZ, A.: Diskurs und Macht. Marburg 1982.
LITTMANN, F.: Der normale Mittelweg zum wahren Selbst. Marburg 1980.
MARX-ENGELS-WERKE:
Bd. 3, Berlin 1969
Bd. 32, Berlin 1973
Bd. 23, Berlin 1974
Bd. 24, Berlin 1974
Bd. 1, Berlin 1977
Bd. 25, Berlin 1977
Bd. 7, Berlin 1978
Bd. 37, Berlin 1978
MANNONI, M.: Der Psychiater, sein Patient und die Psychoanalyse. Frankfurt/M. 1983.
MORRIS, Ch.W.: Grundlagen der Zeichentheorie. Frankfurt/Berlin/Wien 1979.
MÜLLER, H.: Die Lehre vom Unbewußten und der Glaube an Gott. J. Lacan und S. Weil. Düsseldorf 1983.
PONTALIS, J.-B. (Hrsg.): Objekte des Fetischismus. Frankfurt/M. 1972.
POULANTZAS, N.: Politische Macht und gesellschaftliche Klassen. Frankfurt/M. 1980.
POULANTZAS, N.: Staatstheorie. Hamburg 1978.
POULANTZAS, N.: Zum marxistischen Klassenbegriff. Berlin 1973.
POULANTZAS, N.: Die Internationalisierung der kapitalistischen Produktionsverhältnisse und der Nationalstaat. Berlin 1973.
PROJEKT Klassenanalyse: Louis Althusser. Westberlin 1975.
RANCIERE, J.: Der Begriff der Kritik und die Kritik der politischen Ökonomie. Berlin 1972.
RANCIERE, J.: Wider den akademischen Marxismus. Westberlin 1975.
SAUSSURE, F. de: Grundfragen der allgemeinen Sprachwissenschaft. Berlin 1967.
SLOTERDIJK, P.: Kritik der zynischen Vernunft. Frankfurt 1983.
SCHIVELBUSCH, W.: Das Paradies, der Geschmack und die Vernunft. Frankfurt/Berlin/Wien 1982.
SCHIWY, G.: Der französische Strukturalismus. Reinbek 1978.
SCHIWY, G.: Strukturalismus und Zeichensysteme. München 1973.
SCHIWY, G.: Kulturrevolution und ‚Neue Philosophien'. Reinbek 1978.
SCHMIDT, W.: Probleme einer Metakritik der Anthropologie. Bochum 1980.
SCHULLER, M.: Die Nachtseite der Humanwissenschaften, in: Die Überwindung der Sprachlosigkeit, a.a.O.
THEWELEIT, Kl.: Männerphantasien. 2 Bde. Frankfurt/M. 1977.
THIEME, K.: Althusser zur Einführung. Hannover 1982.
TORT, M.: Die Psychoanalyse im historischen Materialismus. Berlin 1976.
WALDENFELS, B.: Phänomenologie in Frankreich. Frankfurt/M. 1983.
WEBER, S.: Rückkehr zu Freud. Frankfurt/Berlin/Wien 1978.
WOLF, C.: Voraussetzungen einer Erzählung: Kassandra. Darmstadt/Neuwied 1983.
WUNDERBLOCK, Der: Nr. 9. Berlin 1982.
WUNDERBLOCK, Der: Nr. 5/6. Berlin 1980.
ZETA 02: Mit Lacan. Berlin 1982.